中华复兴之光
悠久文明历史

恢宏军事史诗

牛月 主编

汕头大学出版社

图书在版编目（CIP）数据

恢宏军事史诗 / 牛月主编. -- 汕头 ：汕头大学出
版社，2016.1（2019.9重印）
　　（悠久文明历史）
　　ISBN 978-7-5658-2315-2

　　Ⅰ. ①恢⋯ Ⅱ. ①牛⋯ Ⅲ. ①军事史－中国－古代
Ⅳ. ①E291

　　中国版本图书馆CIP数据核字(2016)第015280号

恢宏军事史诗　　　HUIHONG JUNSHI SHISHI

主　　编：牛　月
责任编辑：汪艳蕾
责任技编：黄东生
封面设计：大华文苑
出版发行：汕头大学出版社
　　　　　广东省汕头市大学路243号汕头大学校园内　邮政编码：515063
电　　话：0754-82904613
印　　刷：北京中振源印务有限公司
开　　本：690mm×960mm　1/16
印　　张：8
字　　数：98千字
版　　次：2016年1月第1版
印　　次：2019年9月第3次印刷
定　　价：32.00元
ISBN 978-7-5658-2315-2

前言

党的十八大报告指出："把生态文明建设放在突出地位，融入经济建设、政治建设、文化建设、社会建设各方面和全过程，努力建设美丽中国，实现中华民族永续发展。"

可见，美丽中国，是环境之美、时代之美、生活之美、社会之美、百姓之美的总和。生态文明与美丽中国紧密相连，建设美丽中国，其核心就是要按照生态文明要求，通过生态、经济、政治、文化以及社会建设，实现生态良好、经济繁荣、政治和谐以及人民幸福。

悠久的中华文明历史，从来就蕴含着深刻的发展智慧，其中一个重要特征就是强调人与自然的和谐统一，就是把我们人类看作自然世界的和谐组成部分。在新的时期，我们提出尊重自然、顺应自然、保护自然，这是对中华文明的大力弘扬，我们要用勤劳智慧的双手建设美丽中国，实现我们民族永续发展的中国梦想。

因此，美丽中国不仅表现在江山如此多娇方面，更表现在丰富的大美文化内涵方面。中华大地孕育了中华文化，中华文化是中华大地之魂，二者完美地结合，铸就了真正的美丽中国。中华文化源远流长，滚滚黄河、滔滔长江，是最直接的源头。这两大文化浪涛经过千百年冲刷洗礼和不断交流、融合以及沉淀，最终形成了求同存异、兼收并蓄的最辉煌最灿烂的中华文明。

五千年来，薪火相传，一脉相承，伟大的中华文化是世界上唯一绵延不绝而从没中断的古老文化，并始终充满了生机与活力，其根本的原因在于具有强大的包容性和广博性，并充分展现了顽强的生命力和神奇的文化奇观。中华文化的力量，已经深深熔铸到我们的生命力、创造力和凝聚力中，是我们民族的基因。中华民族的精神，也已深深植根于绵延数千年的优秀文化传统之中，是我们的根和魂。

　　中国文化博大精深，是中华各族人民五千年来创造、传承下来的物质文明和精神文明的总和，其内容包罗万象，浩若星汉，具有很强文化纵深，蕴含丰富宝藏。传承和弘扬优秀民族文化传统，保护民族文化遗产，建设更加优秀的新的中华文化，这是建设美丽中国的根本。

　　总之，要建设美丽的中国，实现中华文化伟大复兴，首先要站在传统文化前沿，薪火相传，一脉相承，宏扬和发展五千年来优秀的、光明的、先进的、科学的、文明的和自豪的文化，融合古今中外一切文化精华，构建具有中国特色的现代民族文化，向世界和未来展示中华民族的文化力量、文化价值与文化风采，让美丽中国更加辉煌出彩。

　　为此，在有关部门和专家指导下，我们收集整理了大量古今资料和最新研究成果，特别编撰了本套大型丛书。主要包括万里锦绣河山、悠久文明历史、独特地域风采、深厚建筑古蕴、名胜古迹奇观、珍贵物宝天华、博大精深汉语、千秋辉煌美术、绝美歌舞戏剧、淳朴民风习俗等，充分显示了美丽中国的中华民族厚重文化底蕴和强大民族凝聚力，具有极强系统性、广博性和规模性。

　　本套丛书唯美展现，美不胜收，语言通俗，图文并茂，形象直观，古风古雅，具有很强可读性、欣赏性和知识性，能够让广大读者全面感受到美丽中国丰富内涵的方方面面，能够增强民族自尊心和文化自豪感，并能很好继承和弘扬中华文化，创造未来中国特色的先进民族文化，引领中华民族走向伟大复兴，实现建设美丽中国的伟大梦想。

目 录

上古时期

　　先秦是我国历史上的上古时期。在先秦众多战争中，以诡诈为特点的战争现象已露出端倪，并逐渐走向了成熟。

　　如鸣条之战、牧野之战、长勺之战、城濮之战、桂陵和马陵之战、长平之战，都在不同侧面、不同程度上体现了诡诈作战的基本特点：避实就虚、出奇制胜、设伏诱敌、奇正相生等。

　　这种战争指导思想和作战艺术的形成，和先秦时期的诸侯争霸背景是分不开的。战争是政治的延续，先秦时期战争的特点，恰恰体现了时代文化特色。

以计制胜的复国之战

少康是我国夏朝的第六代天子，其父相被敌对的寒浞派人杀死。

少康是遗腹子，他凭借个人魅力，得到有仍氏、有虞氏的帮助，广施德政而得到夏后氏遗民的拥护。

经过周密的策划，少康通过"用间"等手段，以弱胜强，最终战胜寒浞父子，成功复国，夺回了夏王室政权。史称"少康中兴"。因此，少康是一位有作为的君王。

夏王太康时期，太康终日田猎，不理民事，国力日衰。一次，他游猎于洛水，即今河南境北，竟然十旬不归，引起民众的极大不满。于是，东夷有穷氏部族首领后羿，率领部族军乘虚夺取夏王室政权，拒绝太康回都。

后羿代夏之后和太康一样不修民事，自恃其善射而终日田猎游玩，置贤臣武罗、伯因、熊髡、龙圉等人的意见于不顾，而任用谗臣寒浞。

寒浞是寒国伯明氏的后代，因挑拨离间，花言巧语的恶行被驱逐，后来，有穷氏的后羿收留了他，还信任他并加以重用。

得此机会，寒浞一方面收罗、培植自己的势力，一方面使后羿醉心于田猎而忘返。最后，当时机成熟时，与后羿之妻共同谋划，在后羿田猎将归之时，策动家众将后羿除掉。

寒浞灭后羿时，曾为后羿所用的夏遗臣靡逃到有鬲氏，即今山东

德州市东南处。从此，寒浞代夏。

太康失国后不久死去，族人立其弟仲康，后流落于洛水附近，仲康死，其子相被立，相在后羿的追杀下，逃往帝丘，即今河南濮阳，依附于同姓之诸侯于斟寻氏以及斟灌氏。

寒浞有浇、豷二子，他为防止夏的相势力复兴，命浇率军进攻斟灌氏、斟寻氏，最后打败了相。然后，寒浞封浇于过，位于今山东莱州西北；封豷于戈，位于今河南中部。

当寒浞攻杀相时，相的妻子后缗氏东逃到鲁西南母家有仍氏之地，生下了遗腹子少康。

少康长大后，做了有仍氏的牧正，专管放牧。寒浞的儿子浇继续追杀少康，少康就逃到了有虞氏，即河南商丘地区虞城县西南，在这里做了庖正，掌管饮食。

有虞氏首领虞思将两个女儿嫁给少康，并把他们安置在纶邑，即河南商丘地区夏邑县，给他们土地和人民。《左传·哀公元年》中记载说，少康这时"有田一成、有众一旅"。在当时，方圆10里为成，500人为一旅。从此，少康有了稳定的根据地。

有了方圆10里之地和500之众，少康便开始谋划复国。他和逃亡到有鬲氏的夏臣靡建立了联系，并收抚斟灌氏、斟寻氏逃散的族人，抚恤招纳散亡的夏遗民旧部，加以组织和训练，建立了一支精锐的复国大军。

在管理纶邑期间，少康关心百姓疾苦，与部下一起耕耘、狩猎、习武，深受部下的拥戴。在安抚人心的同时，他还经常向百姓讲述先祖夏禹的功德，鼓舞士兵和争取人们对其复国的支持。

少康一直把夺回夏王室政权记在心上。但是仅凭一小片土地和500人要想复仇绝非易事，少康思来想去，想到了使用"间谍"。

少康把自己的想法对仆人女艾说了，让她打入浇的势力内部刺探情报。女艾欣然赴行。

随后，少康又派自己的儿子季杼想办法诱杀寒浞之子豷。女艾和季杼的活动，为少康复国创造了极为有利的条件。

少康通过女艾和季杼汇总的情报，终于掌握了寒浞及其子的活动规律。他采取先除其羽翼，后击其首的方略，先利用浇田猎放犬逐兽

的机会，率有虞氏大军突然攻打浇的封地过的有过氏军，一举灭浇。又命其子季杼领兵于戈地击败了豷军。

少康剪除了寒浞的两翼，又率领大军从根据地起兵，发动了对寒浞的大举进攻。夏军沿黄河一路挺进河洛地区，直指夏故都斟寻，攻入寒浞的巢穴。

寒浞曾顽固抵抗，但为时已晚，最终被少康捉住，被绑住拖到靡面前。靡历数寒浞各项罪状。少康将他处死。接着，少康在老臣靡的协助下，乘胜追击，横扫寒浞残余势力。

天下初定后，靡和许多夏遗民一致拥立少康为帝。少康回到夏的初都阳翟，也就是现在的河南禹州，夺回了夏王朝政权。

少康还朝后，勤于政事，采取了一系列休养生息的政策。他勤政爱民，专心农业水利，社会经济得到了长足发展，夏出现了中兴的大好局面。

少康在位46年，是夏朝诸王中在位时间最久的君主。他曾经创造的那份辉煌，已经写入了中华民族灿烂的历史长卷。

少康在复国的过程中，运用了卓越的政治智慧。

少康在国破家亡后四处漂泊，备受苦难。他生于异乡，没有受过父辈的教诲，没有强大、贴近的亲人，生在背井离乡的战乱之中，流离失所。

后羿、寒浞先后代夏，夏朝祖先的遗业，对少康来说已很渺茫。但是他能在艰辛坎坷的丧乱之际，胸怀远大志向，不忘奋斗。

少康利用女艾和季杼进行间谍的活动说明，善于运用谍报对于一个集团来说是很重要的。可以说，没有女艾、季杼等人的情报搜集工作，他是很难在信息十分闭塞的情况下做到知己知彼，并最终取得胜利的。

同时，少康在军事上重视谋略，对寒浞窃国集团，采用先除羽翼，后击其首的方略，终于以弱胜强、夺回了夏王朝政权。少康具备了这样的远见卓识，表明他确实是一位出色的政治家。

女艾是少康手下一位忠心耿耿的仆人。她不仅对少康忠贞不二，而且智勇双全。她为了帮助少康夺回王位，乔装打扮来到寒浞的儿子浇统辖的地方，并取得了浇的信任。

在浇这里，女艾打探消息，了解民情，源源不断地把浇的情况报告给少康，为少康提供了宝贵的情报。并为少康拟定了灭浇的行动计划，终于一举消灭了浇。少康回到故园，恢复了夏王朝政权。

女艾由此成为我国历史上第一位女间谍，而且也是世界上最早有记载的一位女间谍。

知识点滴

汤武革命的鸣条之战

鸣条之战是汤灭夏的战争，大约发生在公元前1600年。在商灭夏的战争中，汤率领商部落士兵与夏军在鸣条进行了一场决战。

这场战争成为夏王朝灭亡的转折点，从此，汤建立了我国的第二个王朝，即商朝。

鸣条之战是我国古代通过"伐谋""伐交""伐兵""用间"的全面运用，最终达到战争速胜的战例。

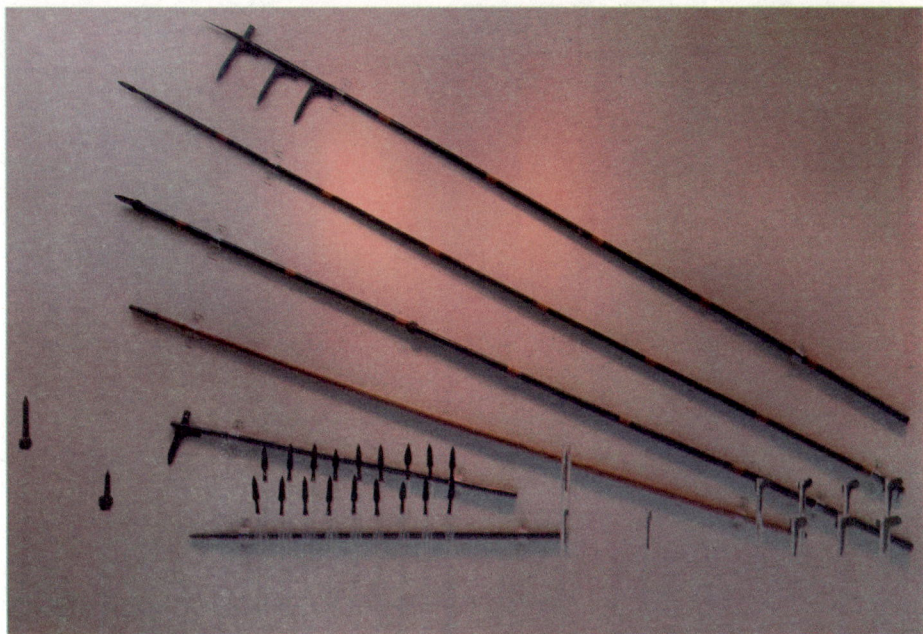

夏朝在桀即位以后，把国都迁到了太康住过的斟寻。桀很聪明，无论什么东西，很快就能学会，但他只把聪明用在吃喝玩乐上；他很勇武，力气大得能把铜钩扳直，把鹿角折断，但他却把劲头使在游猎征战上。

有位大臣实在为夏朝的命运担心，就进宫边哭边劝道："大王，如果再这样下去，我们的国家就要灭亡了！"

桀却说："我拥有天下，就好比天上有太阳一样。如果太阳能从天上消失，或许我才会亡国。"

夏政每况愈下，而此时由殷迁至亳的商族，在其首领汤的率领下逐渐强大起来。

汤当商族首领时，商人只有35平方千米那样大的一小块地盘，但汤励精图治，奋发图强。他在自己日常使用的一个铜盘上，刻了"苟日新，日日新，又日新"几句话，表示要天天进取，不断进取。

汤很关心民众的疾苦，他说：人看水才能照出自己的影子，一个国家只有观察民众的情况，才能知道治理的好坏。

以民众生活作为施政得失的标准，无疑会使国家昌盛、发达起来，所以商族在汤时代，实力迅速得到了增强。

汤很重视人才，有才德的人，不论其出身贵贱，皆可以被重用。伊尹和仲虺就是他的左右手，一个出身低微，一个出身贵族，都被汤任命为相国。

仲虺的祖先世代在夏朝做官，很有地位，后来因为不满桀而投奔了汤，汤早就知道他的才能，遂任命其为左相。伊尹为有莘国的奴隶，汤娶有莘国国君女儿时，他作为陪嫁跟随了汤。

伊尹在向汤进献饭菜食物时，趁机向他讲述如何治国安邦、统一天下的道理。汤觉得伊尹很有本事，就把他从奴隶中提拔出来，作自己的助手，任命其为右相，地位更在仲虺之上。

汤重才的名声传扬开来，不少有才能的人纷纷前来投奔，商汤如虎添翼。

夏桀看见商在汤的治理下很快强大起来，就任命汤为方伯，即东方诸侯长，还授予他掌有讨伐诸侯的权力，可代自己执行"王命"。

夏桀的本意是想笼络汤，却没想到正好为汤提供了扩大势力、剪除异己的方便条件。

汤为推翻夏朝，进行了深远谋划和长期准备。他首先利用中原百姓崇拜天帝的宗教思想，广布仁德，以争取人民的拥护。在征伐葛国时，汤就是这样做的。

与汤地盘的西边紧紧相邻的是葛国，它横亘在汤通向夏的要道上。葛国的葛伯对汤怀有敌意，不服从商而忠于夏桀，作风也与桀相同，不理国政。葛国在他的统治下，各方面都搞得十分糟糕。葛伯由于无心治理国家，连天地鬼神也不愿意祭祀。

当时的人们都很迷信，认为天地鬼神都是主宰人命运的，必须经常用牛羊和稻谷去祭祀他们。

葛伯不祭神灵，这在当时人们心目中是犯了不可饶恕的弥天大罪。汤看准了这一点，就派兵把葛国灭了。

为了安抚葛国的民心，汤又从自己管辖的地方运来了大批的粮食救济葛国平民，并组织他们开荒种地，让他们只向商国交纳收成的十分之一。

这一系列的富民政策，不仅使汤获得了实际利益，而且对周围的邻国也产生了巨大的影响，归顺汤的诸侯日益增多。

汤在征伐葛国的同时，为不让夏桀对自己起疑心，还让伊尹去夏桀处供职。

伊尹带着贵重的礼品去拜见夏桀，并告诉他，汤绝没有谋反之心。夏桀看见那么多礼物高兴极了，连声称赞汤的忠心，并把伊尹留在朝内。

伊尹则利用这个机会，仔细观察夏政，调查中原地形，并在夏臣中宣传商汤的好处，对他们进行策反。有了伊尹，商汤对夏桀的一举一动，都了如指掌。

汤灭葛以后，便开始了大规模的铲除夏桀党羽的战争。最后只剩下韦国和顾国两个死心塌地跟着桀的诸侯国。这两个小国都在汤伐桀的进军路上。于是，汤伐桀时，先灭掉了这两国，然后挥军直逼夏的都城斟寻。

公元前1600年，汤终于兴兵伐夏了。会战开始之前，商汤召集了参加会战的商军和前来助商伐夏的诸侯、方国的军队，宣读了一篇伐夏的誓词。这就是《尚书》中的《商汤誓》。

在誓词中，商汤揭露了夏王朝政治的黑暗和夏桀的残暴，

声称要替天行道，代表天意去讨伐他。《商汤誓》是商汤在鸣条会战前的动员令，这则动员令极大地振奋了士气。

誓师后商汤挑选良车70乘，士兵5000人，联合各地军队，采取战略大迂回策略，绕道至夏都以西突袭夏都。

桀仓促应战，西出抵挡，同汤的军队在鸣条展开了战略决战。在决战中，汤军奋勇作战，一举击败了桀的主力部队，桀败退归依属国三朡。

汤随后又乘胜攻灭了三朡，桀率少数残部逃往南巢，就是现在的安徽省巢湖市，不久病死。汤回师西亳，在这里召开了有众多诸侯参加的"景亳之命"大会，得到3000诸侯的拥护，取得了天下之主的地位。从此夏朝宣告灭亡。

鸣条之战是我国军事历史上一篇辉煌的杰作。它是我国古代通过"伐谋""伐交""伐兵""用间"的全面运用，最终达到战争速胜的最早的成功战例。对后世战争的发展、军事理论的构筑，都产生过相当深远的影响。

知识点滴

据说，有一次，汤看见一个人四面张着罗网，跪在地上祈祷："天上的和地上的所有猎物，都快快收进我的罗网吧！"

他便走到那个人的面前说："你这不是和夏桀一样，要把世上万物都一网打尽吗？"

汤替他收掉了三张网，只留下一面，并教那人重新祈祷说："想往左的，就往左；想往右的，就往右；不听命令的，才进我的罗网。"这就是商汤"网开一面"的故事。

周围各小国诸侯一看商汤对鸟兽都这么友好，就大都归顺了商。

以少胜多的牧野之战

牧野之战是周武王灭商之战，时间大约在公元前1046年。此战是我国古代车战初期的著名战例，它终止了殷商王朝的六百年统治，确立了周王朝对中原地区的统治秩序，为西周礼乐文明的全面兴盛开辟了道路。

此战例所体现的战争谋略和作战艺术，对古代军事思想的发展具有不可低估的意义。

而周文王为牧野之战的展开、"翦商"大业的完成，为周王朝的建立与兴盛，奠定了非常坚实的基础，开创了古代历史的新时代。

  商汤所建立的商王朝，历经初兴、中衰、复振、全盛、衰落诸阶段后，到了商纣王帝辛即位时期，已步入了全面危机的深渊。

  与日薄西山、奄奄一息的商王朝形成鲜明对比的是商的西方属国周的国势正如日中天、蒸蒸日上。周国经过公刘、古公亶父、王季等人的积极经营，迅速强盛起来，其势力深入江、汉流域。

  周文王姬昌即位后，为牧野之战的展开、灭商大业的完成，奠定了坚实的基础。

  周文王在政治上修德行善，裕民富国，广罗人才，发展生产，造成"耕者九一，仕者世禄，关市讥而不征，泽梁无禁，罪人不孥"的清明政治局面。他的"笃仁、敬老、慈少、礼下贤"政策，赢得了人们的广泛拥护，巩固了内部的团结。

  在修明内政的同时，他向商纣发起了积极的政治、外交攻势。他请求商纣免去严刑，还公平地处理了虞、芮两国的领土纠纷，又颁布搜索逃亡奴隶的法令，保护奴隶主们的既得利益。

通过这些措施，周文王扩大了政治影响，瓦解了商朝的附庸国，取得了外交斗争的重大胜利。

在各方面准备工作基本就绪之后，周文王在姜尚的辅佐下，制定了正确的伐纣军事战略方针。其第一个步骤，就是翦商羽翼，对商都朝歌形成战略包围态势。

为此，周文王首先向西北和西南用兵，相继征服犬戎、密须等方国，消除了后顾之忧。接着，组织军事力量向东开展，东渡黄河，先后翦灭黎、邘、崇等商室的重要属国，打开了进攻商都朝歌的通路。

至此，周已处于"三分天下有其二"的有利态势，伐纣灭商只不过是一个时间问题了。

周文王在完成翦商大业前夕逝世，其子姬发继位，为周武王。他即位后，继承其父遗志，遵循既定的战略方针，并加紧予以落实。

在当时，商纣王已感觉到周对自己构成的严重威胁，决定对周用兵。然而这一拟定中的军事行动，却因东夷族的反叛而化为泡影。为平息东夷的反叛，纣王调动部队倾全力进攻东夷，结果造成西线兵力的极大空虚。

与此同时，商朝统治集团内部的矛盾呈现白炽化，商纣王饰非拒谏，肆意妄为，残杀王族重臣比干，囚禁箕子，逼走微子。周武王、姜尚等人遂把握这一有

利战机，决定乘虚蹈隙，大举伐纣，志求一战而胜。

公元前1046年正月，周武王统率兵车300乘，虎贲3000人，甲士4.5万人，浩浩荡荡东进伐商。同月下旬，周军进抵孟津，在那里与反商的庸、卢、彭、濮、蜀、羌、微等部落的部队会合。

周武王利用商地人心归周的有利形势，率本部及协同自己作战的部落军队，于正月二十八由孟津冒雨迅速东进。从汜地渡过黄河后，兼程北上，至百泉折而东行，直指朝歌。周师沿途没有遇到商军的抵抗，故开进顺利，仅经过六天的行程，便于二月初四拂晓抵达牧野。

周军进攻的消息传至朝歌，上下一片惊恐。商纣王无奈之中只好仓促部署防御。但此时商军主力还远在东南地区，无法立即调回。于是只好武装大批奴隶，连同守卫国都的商军，由自己率领，开赴牧野迎战周师。

二月初五凌晨，周军布阵完毕，庄严誓师，史称"牧誓"。周武王在阵前声讨纣王听信宠姬谗言，招诱四方的罪人和逃亡的奴隶，暴虐地残害百姓等诸多罪行，从而激发起从征将士的敌忾心与斗志。

接着，周武王又郑重宣布了作战中的行动要求和军事纪律：每前进六七步，就要停止取齐，以保持队形；每击刺四五次或六七次，也要停止取齐，以稳住阵脚。严申不准杀害降者，以瓦解商军。

誓师过后，商军亦至，周武王即下令向商军发起总攻。他先让姜尚率领一部分精锐突击部队向商军挑战，来牵制迷惑敌人，并打乱其阵脚。

商军中的奴隶和战俘早已心向周武王，见周军临近，便纷纷起义，掉转戈矛，帮助周帅作战。

周武王乘势以主力猛烈冲杀敌军。于是，商军十几万之众顷刻土崩瓦解。

纣王见大势尽去，于当天晚上仓皇逃回朝歌，登上鹿台自焚而死。周军乘胜追击，攻占朝歌。尔后，周武王分兵四出，征伐商朝各地诸侯，肃清殷商残余势力。

周军取得牧野之战的彻底胜利绝非偶然。首先是周文王、周武王长期正确运用"伐谋"和"伐交"策略的结果。它起到了争取人心，翦敌羽翼，麻痹对手，建立反商统一战线的积极效果。

其次是做到了正确选择决战的时机，即乘商师主力远征东夷未还，商王朝内部分崩离析之时，果断地统率诸侯联军实施战略奔袭，从而使敌人在战略、战术上均陷于劣势和被动，无暇作有效的抵抗。

再次，适时展开战前誓师，历数商纣罪状，宣布作战行动要领和

战场纪律，鼓舞士气，瓦解敌人。

最后，在牧野决战的作战指挥上，善于做到奇正并用，予敌以巧妙而猛烈的打击，使之顷刻彻底崩溃。

商纣王之所以迅速败亡，根本原因自然是因为殷商统治集团政治腐朽，导致丧尽民心，众叛亲离；其次是对东方进行长期的掠夺战争，削弱了力量，且造成军事部署的失衡；再则殷商统治者对周人的战略意图缺乏警惕，放松戒备，自食恶果；还有在作战指挥上消极被动，无所作为。加上军中那些临时仓促征发的奴隶阵上起义，反戈一击，其一败涂地也就不可避免了。

牧野之战是一个以少胜多的例子，同时也使后世的人明白：打仗并不是靠人多，而是靠士气。

知识点滴

周文王伐纣前，有人对周武王说："商王无道，百姓都在发牢骚，我们是否要讨伐他？"

周武王说："再等等。"

不久又有人对周武王说："商王无道，百姓破口大骂，是否应该讨伐？"

周武王说："再等等。"

后来又有人对周武王禀报说："商朝百姓都不再说话了，百姓路上见面都低头而过，面带恐惧。"

周武王拍案而起，下诏即刻讨伐纣王。结果周军所到之处，商的百姓和士兵纷纷投诚反戈。周武王在牧野一战而胜，商灭亡。

后发制人的长勺之战

长勺之战是春秋初年齐鲁两个诸侯国在长勺进行的一场车阵会战，发生于公元前684年春天。长勺之战是齐桓公争霸斗争史上一次少有的挫折，也是鲁齐长期斗争中鲁国的一次罕见的胜利。它对齐桓公调整完善自己的争霸战略方针具有一定的影响。

长勺之战的规模虽然不大，但它却正确地反映了弱军对强军作战的基本规律。

曹刿所论述的战术原则，为我国后世后发制人防御反击战略思想的形成提供了宝贵借鉴。

自公元前770年周平王东迁洛邑起，我国历史进入了诸侯兼并、大国争霸的春秋时期。

齐国和鲁国都是西周初年分封的重要诸侯国，又互相毗邻，在当时的动荡局面下，不免发生各种矛盾，而矛盾冲突的激化，又势必造成两国间兵戎相见的结果，长勺之战正是这一特殊历史条件下的产物。

当时的鲁国，即今山东省西南部地区，都城曲阜，它较多地保留了宗周社会的礼乐传统，在春秋诸国中，疆域和国力均处于相对的劣势。

至于齐国，则是姜尚的封地，辖有今山东省东北部地区的广大地域，都城临淄。那里土地肥沃，又富渔盐之利，姜尚立国后，推行因地制宜、发展经济，以及礼法并用等一系列正确政策，因而经济发达，实力雄厚，自西周至春秋，一直是东方地区首屈一指的大国。

公元前686年冬，齐国宫廷内部发生了一场动乱。齐襄公的堂弟公孙无知杀死齐襄公，自立为君。几个月后，齐臣雍廪又杀死了公孙无知，这样，齐国的君位便空置了起来。

公子小白捷足先登，入国继承了君位，他就是历史上赫赫有名的齐桓公。谋臣管仲也到了齐桓公的手下，后来成为齐桓公霸业的重要奠基者。

鲁国的所作所为，导致齐鲁之间矛盾的进一步激化，齐桓公本人对此更是耿耿于怀，不肯善罢甘休，终于酿成了长勺之战的爆发。

公元前684年春，齐桓公在巩固了君位之后，不顾管仲的谏阻，决定兴师伐鲁，企图一举征服鲁国，向外扩张齐国的势力。

当时鲁国执政的是鲁庄公，他闻报齐军大举来攻，决定动员全国的力量，同齐军一决胜负。

就在鲁庄公准备发兵应战之时，鲁国有一位名叫曹刿的人，他不忍心看到自己的国家遭受齐国军队的蹂躏，因而入见鲁庄公，要求参与战事。

曹刿询问鲁庄公依靠什么同齐国作战。鲁庄公认为，把衣物食品之类的东西分赐给臣下，不独自享用，就能取得此战胜利。

曹刿指出，这样做不过是小恩小惠，不能施及全国，民众是不会出力作战的。

鲁庄公强调，自己对神明很虔敬，祭祀天地的祭品从不敢虚报，很守信用。但曹刿认为，对神守点小信，未必能感动神明，神也是不会降福的。鲁庄公又补充道，自己对待民间的大小狱讼，虽然不能做到明察秋毫，但是必定准情度理地予以处理。

曹刿这时才表示赞同，认为这是尽到了君主的责任，为老百姓办了好事，具备了同齐国决一胜负的基本条件。

曹刿见鲁庄公明白了治国治军之道，就请求随同鲁庄公奔赴战场。鲁庄公允诺了他的这一请求，让他和自己同乘一车前往长勺。

在长勺，鲁齐两国的军队都摆开了决战的态势。待布阵完毕后，鲁庄公准备传令擂鼓出击齐军，希望能够先发制人。

曹刿见状急忙加以劝止，建议鲁庄公坚守阵地，以逸待劳，伺机破敌。鲁庄公接受了曹刿的这一建议，暂时按兵不动。齐军方面求胜心切，凭恃强大的兵力优势，主动向鲁军发起猛烈的进攻。但接连三次出击，都在鲁军的严密防御之下遭到了挫败，反而造成自己战力衰落，斗志沮丧。

曹刿见时机已到，建议庄公果断进行反击。鲁庄公听从他的意见，传令鲁军全线出击。鲁军于是凭借高昂的士气，一鼓作气，迅猛英勇地冲向敌人，冲垮齐军的车阵，大败齐军。

　　鲁庄公见到齐军败退，就急欲下令发起追击，却又被曹刿所劝阻了。曹刿下车仔细察看，发现齐军的车辙的痕迹紊乱；又登车远望，望到齐军的旗帜东倒西歪，判明了齐军确是败溃，这才建议鲁庄公实施追击。

　　鲁庄公于是下令追击齐军，进一步重创齐军，将其赶出了鲁国国境。至此，鲁军取得了长勺之战的最终胜利。

　　战争结束后，鲁庄公向曹刿询问是役取胜的原委。

　　曹刿回答说："用兵打仗所凭恃的是勇气。第一次击鼓冲锋时，士气最为旺盛；第二次击鼓冲锋，士气就衰退了；等到第三次击鼓冲锋，士气便完全消失了。齐军三通鼓罢，士气已完全丧尽，相反我军士气却正十分旺盛，这时实施反击，自然就能够一举打败齐军。"

　　接着，曹刿又说明未立即发起追击的原因：齐国毕竟是实力强大的国家，不可等闲视之，而要谨防其佯败设伏，以避免己方不应有的

失利。后来看到他们的车辙紊乱，望见他们的旌旗歪斜，这才大胆地建议实施战场追击。

曹刿的一番话，说得鲁庄公心悦诚服，点头称是。立即拜曹刿为大夫，并把女儿嫁给曹刿。

鲁庄公在战前进行了"取信于民"的政治准备，为展开军事行动创造了有利的条件。

在作战中，鲁庄公能虚心听取曹刿的正确作战指挥意见，遵循后发制人、敌疲我打、持重相敌的积极防御、适时反击的方针，正确地选择战场，正确地把握反攻和追击的时机，从而牢牢地掌握了战争的主动权，赢得战役的重大胜利。

长勺之战一直为历代兵家所称道。"曹刿论战"成为流传千古的经典。

知识点滴

长勺之战遗址，在今山东莱芜杓山寨西侧的开阔地带。南、北、东三面环山，地形平缓，极易布阵。此地也因为历史上那次有名战争而载入史册，名闻遐迩。

由于长勺所在的莱芜地区是齐鲁文化的重要发祥地，古迹众多。境内除了有"长勺之战"遗址外，还有保存较好的比秦代万里长城还早400多年的齐长城，齐鲁夹谷会盟遗址，底蕴深厚的矿冶历史文化，规模宏大的莱芜战役纪念馆，生动地再现了莱芜大地的千年风采。

退避三舍的城濮之战

城濮之战是我国春秋时期晋楚争霸中原的一次具有决定意义的战争，战役时间是公元前632年。当时晋国正确分析客观形势，避楚锋芒，退避三舍，诱敌深入，合兵突击，取得了决战胜利。

晋军的"退避三舍"是晋文公以谋略胜敌的重要的一着妙棋，它在政治上争得了主动，在军事上造就了优势。

此战的"退避三舍"方针，是我国古代军事思想的重要发展。

城濮之战后，周襄王正式命晋文公为侯伯。晋国终于实现了"取威定霸"的政治、军事目标。

春秋时期，楚国通过扩张，基本上征服了中原地区的各个弱小国家。正在楚国分派重兵防守商密阻止秦国南下楚地，又派重兵驻守谷邑虎视齐国之时，宋国却与晋国联盟，既给欲图霸业的楚国当头一棒，又鼓励了晋文公赶走楚国，图霸中原的抱负。这样，一场牵动着晋、齐、秦、楚的多国大战即将拉序幕。

楚成王由于宋国背叛，便发兵攻占了宋国的缗邑。这时卫国派来使臣告急求救，说晋不出兵援宋，反而集兵于卫、齐、曹、鲁四国边界战略要地，并严重威胁着卫国首都楚邱的安全。

楚成王听说卫国被困，就留下元帅成得臣等一班将领继续围宋，亲自率领中军前去救卫。这时，晋军元帅先轸提出了对楚战略良策：第一，让宋国以重礼贿赂齐、秦，使他们干预宋楚战争，从中调解；第二，将曹国、卫国的土地赐给宋国，弥补宋国的损失，激励宋国军民斗志，继续坚守待援。

先轸认为，曹、卫是楚国的势力范围，楚国是不会允许齐、秦插手的，这样就会惹恼了齐、秦。再加上宋给齐、秦送了厚礼，必然会对宋国友好，从而促使齐、秦与晋结成反楚联盟，使楚国陷入更加孤立的境地。

晋国实施了先轸的计划。很快，事态的发展果然如先轸分析的那样。楚成王亲自率领中军行至半途，听说了齐、秦、晋、宋联盟这一消息，决定立即停止进攻，全军转移撤退。

与此同时，楚成王又传令成得臣统帅的楚军和各路诸侯取消围攻，各自回国。他又特地派人告诫成得臣，不要刚愎自用，不要进逼晋军，敌我力量相当，明知不能取胜，就应知难而退。

成得臣拒绝执行撤军命令，尽管各路诸侯的将士返回本国，只剩自己很少的一点人马，他仍想攻下宋国，并请求派兵给他，必要时和晋军决一死战。

楚成王对成得臣不执行命令表示不满，同时又存有侥幸取胜心理。因而既没有再坚持让成得臣撤兵，也没有按照成得臣请求的人数派援兵，只派出近千人的贵族兵给他。

成得臣得到楚成王派来的部队后，就不再围宋，而是集结兵力，准备直接向晋军进攻。

楚军撤出围宋部队，正符合晋方救援宋的战略目的。在楚军全力进攻下，晋军退避三舍，以实践晋文公当年对楚订下的诺言。

当年晋文公重耳逃亡到楚国时，楚王收纳了他，楚王问他将来怎样报答自己。重耳说，如果将来晋楚交兵，晋国一定退避三舍。晋文公实践在楚避难时的诺言，是一个高明的策略。不仅可以激励晋军和联军的士气，楚再逼近，只有被迫交战了；而且避开了楚军锋锐，选择有利时机和有利地形决战；同时，还接近本土，缩短补给路线。此举可谓一退得先机，占尽了天时、地利、人和的有利因素。

战争一触即发，晋方有晋、齐、秦三大国和宋兵，楚方有楚、陈、蔡、郑、许五国军队，双方在城濮摆开阵势。楚军到达城濮后占据有利地形，派斗勃送战书挑战，极度轻视晋军。

挑战书中说："请和晋君的战士们戏耍，请晋君一旁坐车观赏，我成得臣陪同。"

显示出楚军狂傲轻敌的态度。晋方答复说："晋军已退避躲让，既然楚不停战，那只好明天战场上相见了。"

第二天早晨，楚军元帅成得臣发出"今日必无晋"的号令，命令左右两军分别向晋军进攻。

晋国统帅栾枝利用战场上沙尘扑面的条件，作为蒙蔽敌人掩盖自己虚实的沙幕。副帅胥臣则把马身上蒙上虎皮以壮大声威。

楚右军进攻，由秦军应战，秦军稍事抵抗就立即撤退。栾枝将树枝拖在兵车后飞奔，尘沙飞扬，使楚军看不清晋军后方虚实。楚联军中的陈、蔡军队各自逞强，紧迫秦军。

　　就在这时，副帅胥臣指挥的大队兵车于战鼓声中突然杀出，马身上都蒙着虎皮，吓得陈、蔡军队战车的马惊慌回窜，阵容混乱，反而冲乱了楚军斗勃指挥的右军。

　　晋、秦两军乘机猛攻猛打，击杀了蔡将公子印，斗勃也中箭而逃。楚军右翼死伤很多，进攻完全失败，把中军侧面暴露在晋军面前。栾枝驾车拖着树枝向北奔驰，掀起遮天沙尘。楚帅成得臣和将领斗宜申都以为晋军战败，力命左军攻击。晋方上军应战，随即后撤。楚军向举大旗的晋军指挥车追击前进。

　　晋军元帅先轸立即改变部署：让祁瞒虚举帅旗，坚守中军阵地。中军主力则向右旋回，突然进攻楚左军侧冀，把楚左军冲成南北两部分。晋军各部互相呼应，协同作战，猛冲猛打。

经过一番激战，郑、许两国军队首先溃败，楚军支撑不住，陷于重围。斗宜申率部突围，又遭堵击。晋方联军合力会战，对楚军形成合围，楚军已陷入全军覆灭之境。

成得臣见大势已去，在晋军尚未形成合围前，出兵撤退，脱出包围圈。晋军大获全胜，成得臣在归国之后自刎谢罪。晋文公从此一举定霸业，使晋国迈入称霸春秋百余年的历史。

晋国这一仗打出了自己的霸业，同时也让先轸一举成名，成为春秋时期一员重要的将领，有名的军事家。城濮之战的另一个流传千古的典故，正是"退避三舍"，晋文公充分显示了大家风范，成为诚信的代表人物。

知识点滴

据《春秋左传·晋公子重耳之亡》记载，晋献公听信谗言，杀了太子申生，又派人捉拿申生的异母兄长重耳。重耳闻讯出逃。

重耳逃到楚国时，楚成王设宴招待重耳，并问道："如果公子返回晋国，拿什么来报答我呢？"

重耳回答说："如果托您的福，我能返回晋国，一旦晋国和楚国交战，双方军队在中原碰上了，我就让晋军退避三舍（90里）。"

当时的楚国大臣成得臣请求杀掉重耳。楚成王没有这样做，而是派人把重耳送回了晋国。重耳就是后来的晋文公。

包围歼灭的长平之战

　　长平之战是战国时期秦国和赵国的一场大决战，战役时间是公元前260年，前后耗时三年。

　　2000多年前的这场战役是歼灭战的鼻祖，秦国白起大破赵国赵括。赵括因为这一战断送了自己40万将士的性命和赵国的前途，其事迹成为后来的成语"纸上谈兵"。

　　长平之战，是我国历史上最早、规模最大的包围歼灭战。

　　此场战争，由于最有实力的赵国遭受毁灭性打击，从而令秦国国力大幅度超越同时代其他各国，极大地加速了秦国统一中国的进程。

公元前262年，秦昭王派大将白起攻打韩国，占领了野王城，即现在的河南沁阳，切断了韩国上党郡和国都的联系。韩国想献出上党郡向秦求和，但是上党郡守冯亭不愿降秦，请赵国发兵救上党郡。

赵孝成王派遣大将廉颇率赵军主力开往长平，企图重新占据上党郡。

公元前260年，秦国派左庶长王龁攻打韩国，夺取上党。上党的百姓纷纷逃往去了赵国。农历四月，王龁攻赵，赵孝成王派廉颇为将抵抗。

廉颇在空仓岭一线布防，王龁率军于沁河沿线准备突击。战事是由赵国空仓岭守军同秦国前哨部队遭遇开始的，守军招架不住，秦军步步进逼。同年七月，空仓岭南北几十里防线完全陷落，赵军退守长平金门山下的丹河，与秦隔河相峙。

廉颇固守有利地形，以丹河为依托，设置了四道防线：丹河以西有西壁垒、东壁垒，丹河以东有丹河防线、百里石长城，由西向东依次是西壁垒、东壁垒、丹河防线和百里石长城。

此后，廉颇充分利用占据的有利地势，固守阵脚，以不变应万变，一连坚持数载，实力强而急于一战的王龁却一筹莫展，始终不能跨越丹河一步。

秦国的战争指导者毕竟棋高一着，他们运用谋略来打开缺口，为尔后的战略进攻创造条件。

一方面，他们借赵国使者到秦国议和的机会，故意殷勤招待使者，向外界制造秦、赵和解的假象，使赵国在外交上丧失了与各国"合纵"的机会，陷于被动和孤立。

另一方面，又采用离间计，派人携带财宝前赴赵都邯郸收买赵王的左右权臣，挑拨赵王与廉颇的关系。并散布流言说："廉颇容易对付，他就快要投降了。秦国所畏惧的，是马服君赵奢之子赵括。"

赵王既怨怒廉颇连吃败仗，士卒伤亡惨重，又嫌廉颇坚壁固守不肯出战，因而听信流言，便派赵括替代廉颇为将，命他率兵击秦。

赵括是一个缺乏实战经验，只会"纸上谈兵"的庸人。他上任后，一反廉颇所为，更换将佐，改变军中制度，致使赵军上下离心离德，斗志消沉。他还改变了廉颇的战略防御方针，积极筹划进攻战略，企图一举而胜，夺回上党。

秦国听说赵国任赵括为将，立刻调整了军事部署：征调骁勇善战的武安君白起为上将军，代替王龁统率秦军。为了避免引起赵军的注意，秦王下令军中严守这一机密："有敢泄武安君为将者斩。"

白起是战国时期最杰出的军事将领，久经沙场。只会背吟几句兵

书的赵括哪里是他的对手！白起到任后，针对赵括没有实战经验、求胜心切、鲁莽轻敌等缺点，采取了诱敌入伏、分割包围而后予以聚歼的方针，对兵力作了周密细致的部署。

第一，以原先的第一线部队为诱敌部队，等待赵军出击后，即向预设主阵地长壁撤退，诱敌深入。

第二，巧妙利用长壁构筑袋形阵地，以主力守卫营垒，抵挡阻遏赵军的攻势，并组织一支轻装锐勇的突击部队，待赵军被围后，主动出击，消耗赵军的有生力量。

第三，动用奇兵2.5万人埋伏在两边侧翼，待赵军出击后，及时穿插到赵军的后方，切断赵军的退路，协同主阵地长壁上的秦军主力，完成对赵军的包围。

第四，用5000精锐骑兵插入到赵军营垒的中间，牵制和监视营垒中的剩余赵军。

战局的发展果然按着白起所预定的方向进行。公元前260年农历八月，对秦军动态茫然无知的赵括统率赵军主力向秦军发起了大规模的攻击。

两军稍事交锋，秦军的诱敌部队即佯败后撤。鲁莽的赵括不问虚实，立

即率军实施追击。当赵军前进到秦军的预设阵地长壁后，即遭到了秦军主力的坚强抵抗，攻势受挫，被阻于坚壁之下。

赵括欲退兵，但为时已晚，预先埋伏于两翼的秦2.5万奇兵迅速出击，及时穿插到赵军进攻部队的侧后，抢占了西壁垒，截断了出击的赵军与其营垒之间的联系，构成了对出击赵军的包围。

另外的5000秦军精骑也迅速地插到了赵军的营垒之间，牵制、监视留守营垒的那部分赵军，并切断赵军的所有粮道。与此同时，白起又下令突击部队不断出击被围困的赵军。

秦昭王听到赵军已被包围的消息，便亲赴河内督战，征发15岁以上男丁从军，赏赐民爵一级，以阻绝赵国的援军和粮草，倾全国之力与赵作战。这支部队开进到长平，进一步断绝了赵国的援军和后勤补给，从而确保了白起彻底歼灭被围的赵军。

到了农历九月，赵兵已断粮46天，饥饿不堪。赵括走投无路，重新集结部队，分兵四队轮番突围，始终不能突围。绝望之中，赵括孤

注一掷，亲率赵军精锐部队强行突围，结果仍遭惨败，连他本人也死于秦军的箭镞之下。

此场战争，由于最有实力统一中国的赵国遭受毁灭性打击，诸国再无力与秦抗争，从而令秦国国力大幅度超越同时代各国，秦国统一天下只是时间问题。

知识点滴

长平之战，赵国战败，举国震惊。赵国的平原君写信给魏国的信陵君，委托他求魏王发兵救赵。信陵君去求魏王发兵救赵，魏王派晋鄙率10万大军救赵。

但是，由于秦昭王的威胁，魏王只好让军队在邺城待命。信陵君为了救赵，只好让侯嬴窃得调兵遣将用的兵符，夺权代将。侯嬴因自感对魏君不忠，自刭而死。信陵君率兵救赵，在邯郸大败秦军，才避免赵国的过早灭亡。

中古时期

　　秦汉至隋唐是我国历史上的中古时期。

　　这一时期，由于朝代更迭，特别是在群雄割据的情况下，战争成为多极竞争格局中重要的军事手段。

　　秦汉至隋唐的战争水平已发展到相当成熟的阶段，像垓下之战的分进合击，漠北大战的长途奔袭，官渡之战的奇兵偷袭，淝水之战的以弱胜强，太原之战的积极防御等。

　　从这些战役中我们可以看到，骑兵已逐渐成为战争的中坚力量，军事统帅更注重发挥谋士的智囊作用，因而将我国古代用兵韬略发挥得淋漓尽致。

破釜沉舟的巨鹿之战

巨鹿之战是反秦义军项羽摧毁秦军主力章邯、王离的重要战役，战役时间是公元前208年至公元前207年。

项羽破釜沉舟，以大无畏精神在各诸侯军畏缩不进时率先猛攻秦军，带动诸侯义军一起最终全歼王离军，并于数月后迫使另外20万章邯秦军投降。

从此，项羽确立了在各路义军中的领导地位。经此一战，秦朝主力尽丧，名存实亡。

公元前209年陈胜、吴广领导的农民起义爆发，这是我国历史上的第一次农民起义，影响极为深远。之后，经过连年的反秦战争，到了公元前207年，秦朝最终被推翻。

陈胜和吴广牺牲后，项梁召集各路义军在薛地，即今山东省滕县东南计议，并接受谋士范增建议，立楚怀王之孙熊心为王，仍称楚怀王。接着项梁率领起义军大败秦军于东阿即今山东阳谷东北。

刘邦、项羽也在城阳和雍丘机，即今河南范县城濮城东南和今河南杞县等地打败秦军，消灭了秦三川郡守李由。

项梁在取得胜利后骄傲轻敌，被秦将章邯偷袭以至牺牲。章邯破项梁军后，认为楚地农民军主力已被消灭，于是就渡河北上，移兵邯郸，攻击以赵歇为王的河北起义军，赵歇退守巨鹿，即今河北平乡西南。

秦派王离率几十万边防军包围巨鹿，章邯在巨鹿以南筑甬道，以运粮供给王离军。赵歇粮少兵单，危在旦夕，便遣使者向楚怀王求救。

楚怀王与起义军首领在彭城，即今江苏徐州召开紧急军事会议，决定分兵两路，一路由刘邦率领向西直指关中，另一路以宋义为上将军，项羽为次将，范增为末将，率起义军主力北上救赵。

援赵大军进至安阳，即今山东曹阳东南后，宋义被秦军的气焰所吓倒，逗留46天不敢前进。项羽痛斥宋义的怯懦行为并杀死了他。楚怀王遂封项羽为上将军，并令英布和蒲将军的两支起义军也归其指挥。

公元前207年，项羽率起义军到达巨鹿县南的漳水，立刻派遣英布和蒲将军率2万义军渡过漳水，援救巨鹿，初战告捷。

接着，项羽率领全军渡过漳水，命令全军破釜沉舟，只带3日粮，以示不胜则死的决心，以迅雷不及掩耳之势直奔巨鹿，断绝秦军粮道，包围王离军队。

项羽的决心和勇气，对将士起了很大的鼓舞作用。楚军把王离的军队包围起来，越打越勇。1个楚兵抵得上10个秦兵，10个就可以抵上100个。经过9次激烈战斗，活捉了王离，杀死了秦将苏角，其他的秦军将士有被杀的，也有逃走的，围攻巨鹿的秦军就这样瓦解了。

在当时，各路将领来救赵国的有十几路人马，可是他们害怕秦军强大，都扎下营寨，不敢跟秦军交锋。每次听到楚军震天动地的喊杀声，都挤在壁垒上观看。

他们看见楚军横冲直撞杀进秦营的情景，吓得伸着舌头，屏住了气。等到项羽打垮了秦军，请他们到军营来相见的时候，他们都跪在地上爬着进去，连头也不敢抬起来。

大家颂扬项羽说："上将军的神威真了不起，自古至今没有第二个。我们情愿听从您的指挥。"

从那时起，项羽成了各路反秦军的首领，各路诸侯军均服从项羽号令。巨鹿解围后，章邯军驻巨鹿南的棘原，项羽军驻漳水之南，两军对峙。秦军的连续失败使章邯不见信于秦朝廷，秦二世数次派人责问章邯。项羽抓住时机，派军击秦军于漳水南岸，章邯军退却。

章邯派部将司马欣向秦朝廷请求指示并支援。在当时，秦朝廷赵高专权，猜忌将相，司马欣到咸阳，在宫外等候了3日，赵高也不见，有不信任之意。司马欣恐惧，于是从小路逃回，而不敢走来时的大路。赵高果然派兵从大路追赶。

司马欣潜回棘原，劝章邯早图良谋。赵将陈余也致书章邯，以秦将白起、蒙恬功多却被诛之事劝说章邯。章邯在降楚和退军之间犹豫不决。

项羽军粮少，为尽快彻底打破章邯的幻想，派蒲将军率军日夜兼程渡三户津，即今河北滋县西南古漳水渡口，断秦军归路，自己率主力大败秦军。

在项羽的沉重打击下，章邯进退无路，不得不于公元前207年在现在的河南安阳洹水南殷墟率部20万投降项羽。项羽封章邯为雍王，并封司马欣为上将军，率领投降的秦军为前锋先行，开始了消灭秦军残部的战斗。

秦国最后的名将章邯倒戈降敌，终于使秦国走向了灭亡，刘邦迅速地攻破关中。

巨鹿之战是秦末农民战争所取得的一场巨大胜利。它基本上摧毁了秦军的主力，扭转了整个战局，奠定了反秦斗争胜利的基础。而项羽以3万兵破30万兵力，如此悬殊的战果，令无数后世人对其充满了惊叹与景仰。

知识点滴

公元前208年，秦将章邯指挥秦军主力合围巨鹿，项羽率兵前往解救。

为表置之死地而后生的决心，项羽带领全部军队渡过漳河，凿沉战船，打破釜甑，烧掉庐舍，命士兵仅带三日粮，以示士卒必死无还之心。项羽率军断秦军粮道，与秦军进行了9次激烈的较量。

在项羽的带领下，楚军将士无不以一当十，奋勇冲杀，秦军损兵折将。项羽乘胜追击，最后迫使章邯率其残部投降。项羽破釜沉舟，勇战秦军，威震诸侯。

奇兵偷袭的官渡之战

官渡之战是东汉末年曹操军与袁绍军展开的战略决战，时间是公元200年。此战，经过一年多的对峙，最终以曹操的全面胜利而结束。曹操以两万左右的兵力，出奇制胜，击破袁军十万。这个战例成为我国历史上以弱胜强，以少胜多的典型战例。曹操以其非凡的才智和勇气，写下了他军事生涯中的最辉煌的一页。

官渡之战增强了曹操的实力，为曹操击溃袁绍，统一北方奠定了坚实的基础。

东汉末年，董卓专权，天下各路诸侯联军讨伐。作为八校尉之一的曹操也参与了讨伐。

196年，曹操把汉献帝挟持到许昌，形成"挟天子以令诸侯"的局面，取得了政治上的优势，并逐步征服一些地方势力，统一了长江以北的大部分地区。

198年，袁绍击败公孙瓒，占据青、幽、冀、并四州之地。199年，袁绍挑选精兵10万，战马万匹，企图南下进攻许昌。

曹操和袁绍两大势力的迅速扩大，不可避免地会发生摩擦。随着军事斗争的加剧，官渡之战的序幕也就由此拉开。

200年，袁绍派陈琳书写檄文并发布，檄文中将曹操骂得狗血淋头。农历二月，袁绍进军黎阳，企图渡河寻求曹军主力决战。他首先派颜良进攻白马的东郡太守刘延，企图夺取黄河南岸要点，以保障主力渡河。

农历四月，曹操为争取主动，求得初战的胜利，亲自率兵北上解救白马之围。此时谋士荀攸认为袁绍兵多，建议声东击西，分散其兵力，先引兵至延津，佯装渡河攻袁绍后方，使袁绍分兵向西，然后遣轻骑迅速袭击进攻白马的袁军，攻其不备，定可击败颜良。

曹操采纳了这一建议，

袁绍果然分兵延津。曹
操便乘机率轻骑，派张
辽、关羽为前锋，向白
马疾进。关羽迅速迫近
颜良军，冲进万军之中
斩杀大将颜良而还，颜
良军因此溃败。

曹操解了白马之围
后，迁徙白马的百姓沿黄河向西撤退，袁绍率军渡河追击，军至延津
南，派大将文丑率兵追击曹军。

曹操当时只有600骑兵，驻在南阪下，而袁军达五六千骑，还有步
兵在后跟进。曹操令士卒解鞍放马，并故意将辎重丢弃道旁。

袁军一见果然中计，纷纷争抢财物。曹操突然发起攻击，终于击
败袁军，杀了文丑，顺利退回官渡。

袁军初战失利，但兵力仍占优势。农历七月，袁军进军阳武即今
河南中牟北，准备南下进攻许昌。八月，袁军主力接近官渡，依沙堆
立营，东西宽约数十里。曹操也立营与袁军对峙。九月，曹军一度出
击，没有获胜，退回营垒坚守。

袁绍构筑楼橹，堆土如山，用箭俯射曹营。曹军依谋士刘晔之计
制作了一种抛石装置——霹雳车，抛石击毁了袁军所筑的楼橹。袁军
又掘地道进攻，曹军也在营内掘长堑相抵抗，粉碎了袁军的计策。

双方相持3个月，曹操处境困难，前方兵少粮缺，士卒疲乏，后方
也不稳固。在这种情况下，曹操命令负责后勤补给的任峻采取10路纵
队为一部，缩短运输队的前后距离，并用两列阵，加强护卫，防止袁

军袭击。

另外，曹操积极寻求和捕捉战机，以求击败袁军，不久派曹仁、史涣截击、烧毁袁军数千辆粮车，增加了袁军的补给困难。

同年十月，袁绍又派车运粮，并令淳于琼率兵万人护送，囤积在袁军大营以北约20千米的故市和乌巢，即今河南省延津县与今河南省延津东南。

恰在这时，袁绍谋士许攸投奔曹操，建议曹操派轻兵奇袭乌巢，烧其辎重。曹操立即付诸实行，留曹洪、荀攸守营垒，亲自率领步骑5000人，冒用袁军的旗号，人衔枚、马缚口，各带柴草一束，利用夜晚黑暗走小路偷袭乌巢。到达后立即围攻放火。

袁绍获知曹操袭击乌巢后，只派轻骑救援，主力则猛攻曹军大营，可曹营坚固，攻打不下。

当曹军急攻乌巢的淳于琼营时，袁绍增援的部队已经迫近。曹操鼓励士兵死战，大破袁军，杀淳于琼等，并将其粮草全数烧毁。

袁军前线闻得乌巢被破，导致军心动摇，内部分裂，大军溃败。袁绍仓皇带800骑退回河北，曹军先后歼灭和坑杀袁军7万余人。

官渡之战，经过一年多的对峙，至此以曹操的全面胜利而结束。

战争的胜负取决于双方政治、军事、经济等多方面的条件，但首当其

冲的是双方军事实力的较
量。双方的取胜之道是值得
深思的。

此战曹操善择良策，攻
守相济，屡出奇兵，巧施火
攻，焚烧袁军粮草，对获取
胜利起了重大的作用，集中
体现了曹操卓越的用兵谋略和指挥才能，是我国历史上以少胜多的著
名战例。

反观袁绍，内部不和，又骄傲轻敌，刚愎自用，屡拒部属的正确
建议，迟疑不决，一再地丧失良机。终致粮草被烧，后路被抄，军心
动摇，内部分裂，而全军溃败，从此一蹶不振。

曹操非常爱惜人才，为了留住人才甚至可以受辱。袁绍曾
经派陈琳书写檄文，将曹操骂得很难听。官渡之战取胜后，骂
人的陈琳被带到曹操面前，此时陈琳似乎只有死路一条。

曹操看看他，问道："你为什么骂我的祖宗？"

陈琳嘿嘿笑道："我当时写文章，文思泉涌，骂你骂得起
兴，就控制不住把你祖宗也给带上了。"

曹操听罢他的话后哈哈大笑，给他松了绑绳，让他在自己
身边效力。由此可见，曹操不仅爱才，也是个很有气度的人。

知识点滴

巧用火攻的赤壁之战

赤壁之战是指三国形成时期，孙权、刘备联军大破曹操大军的著名战役，时间是208年。

这是我国历史上以少胜多的著名战争之一，也是三国时"三大战役"中最为著名的一场。

它也是我国历史上第一次在长江流域进行的大规模江河作战，标志着中国军事政治中心不再限于黄河流域。此战最后以火攻大破曹军，曹操北回，孙刘双方亦各自夺去荆州的一部分。

  曹操经官渡之战和北征乌桓，完成了北方的统一。208年正月回到邺城后，立即开始了南征的军事和政治准备。

  曹操于邺城凿玄武池以练水军；派遣张辽、于禁、乐进等驻兵许都以南，准备南征；令马腾及其家属迁至邺，以减轻西北方向的威胁；罢三公官，置丞相、御史大夫，自任丞相，进一步巩固了统辖地位，维护了自己的政权。

  208年8月，刘表病逝，曹操接受了荀彧的意见，先抄捷径轻装前进，疾趋至宛城、叶城，另以赵俨为章陵太守、徒都监护军，护张辽、于禁、张郃、朱灵、李典、冯楷、路招七军。刘表之子、继位荆州的刘琮知道这消息后，投降了曹操。9月，曹操到达新野。

  曹操南下的消息，依附刘表、屯兵樊城的刘备一直不知道，直至曹军到达宛城附近时才发现，而刘琮已向曹操投降，却不敢告诉刘备。

刘备发现状况后，既惊骇又颇气愤，只好立即弃樊南逃。诸葛亮向刘备自荐与鲁肃同回柴桑，向孙权求救。

诸葛亮到达柴桑游说孙权。因孙权不愿受制于曹操，但又担心曹操势强，不能匹敌，于是诸葛亮先说明刘备的军力尚有精甲数万，然后分析出曹操劳师远征士卒疲惫、北人不习水战，以及荆州之民尚未心服曹操的弱点。结论是如果孙刘联合，肯定可以取胜，并明示而后三分天下。

曹操的弱点坚定了孙权抗曹的决心。孙权排除主和派张昭等人的干扰,命周瑜为大都督，程普为副都督，鲁肃为赞军校尉，率3万精锐水兵，与刘备合军共约5万人，逆江水而上，进驻夏口。

曹操的总体部署是，从江陵和襄阳两地出发，向夏口前进。同时在后援、支军及后勤保障方面也作了安排。然后送信恐吓孙权，声称要决战吴地。

208年冬，曹操亲自统军顺长江水陆并进。周瑜率领的军队在夏口与刘备会合，然后两军逆水而上，行至赤壁，与曹军在赤壁相遇。

曹军步骑面对大江，失去威势，新改编的荆州水兵，战斗力差，又逢疾疫流行，以致初战失利，慌忙退向北岸，屯兵乌林即今湖北洪湖境，与孙刘联军隔江对峙。曹操下令将战船相连，减弱了风浪颠簸，利于北方籍兵士上船，加紧演练，待机攻战。

周瑜鉴于敌众己寡，久持不利，决意寻机速战。这时，周瑜部将黄盖针对曹军连环船的弱点，建议火攻。周瑜采纳了黄盖的建议，并立即决定让黄盖用诈降接近曹操战船。

黄盖立即遣人送伪降书给曹操，随后带船数十艘出发，前面10艘满载浸油的干柴草，以布遮掩，插上与曹操约定的旗号，并系轻快小艇跟在船后，顺东南风驶向乌林。

接近对岸时，戒备松懈的曹军皆争相观看黄盖来降。黄盖择机下令点燃柴草，各自换乘小艇退走。火船乘风闯入曹军船阵，顿时一片

火海,迅速延及岸边营屯。

孙刘联军乘势攻击,曹军伤亡惨重。曹操深知已不能挽回败局,下令烧掉船,引军退走。

孙刘联军水陆并进,追击曹军。曹操引军离开江岸,取捷径往江陵,经华容道遇泥泞,垫草过骑,得以脱逃。

曹操至江陵城下,恐后方不稳,自还北方,命曹仁等继续留守,而以满宠屯于当阳。

孙刘联军取得了赤壁之战的胜利。

赤壁之战后,曹操带兵退回北方,从此致力经营北方,再未有机会以如此大规模南下荆州。同时也失去了在短时间内统一全国的可能性。而孙刘双方开始发展自己的势力,进而三分天下,奠定了三国鼎立的基础。

在赤壁之战中,曹操自负轻敌,指挥失误,加之水军不强,且军

中出现瘟疫，最终导致战败。而孙权、刘备在强敌面前，冷静分析形势，结盟抗战，扬水战之长，巧用火攻，创造了我国军事史上以弱胜强的著名战例。

赤壁之战前，孙权对联合抗曹信心不足。

周瑜给孙权综合分析了曹操率北军南下的诸多弱点："曹操舍弃了车马，驾起舟船，来和东吴争高低，再加上天气寒冷，马吃不上水草；中原的士兵从中原赶到这里，在大江上作战，水土不服，肯定是会生疾病的，这几点都是用兵的大忌。我请求你拨5万精兵给我，保证大破曹操的军队。"

孙权听罢，抽刀猛砍桌角，说："有谁再敢说迎接曹操，就和这桌子一样！"

后来孙刘联军终于在赤壁打败了曹操。

知识点滴

以弱胜强的淝水之战

淝水之战，发生于公元383年，是东晋时期北方的统一政权前秦向南方东晋发起的侵略吞并的一系列战役中的决定性战役，有绝对优势的前秦败给了东晋，国家也随之衰败灭亡，北方各民族纷纷脱离了前秦的统治先后建立了十余个小国。而东晋则趁此北伐，把边界线推进到了黄河。

经过淝水之战，东晋王朝有效地遏制了北方少数民族南下侵扰，为江南地区社会经济的恢复和发展提供了必要的契机。

东晋孝武帝司马曜开始亲政时，提升谢安为中书监、录尚书事，总揽朝政。谢安极力举荐自己的侄子谢玄出任兖州刺史，镇守广陵，负责长江下游江北一线的军事防守。谢安则自己都督扬州、豫州、徐州、兖州、青州五州军事，总管长江下游。

谢玄不负叔父重托，在广陵挑选良将，训练精兵，选拔了刘牢之、何谦等人，并训练出一支在当时最具有战斗力的精兵北府兵。

在淝水之战爆发前4年，前秦皇帝苻坚进攻东晋时，谢玄曾率5万北府兵四战四胜，全歼前秦军。战后，谢安因功晋封建昌县公，谢玄晋封东兴县侯。

383年，前秦苻坚亲率步兵60万、骑兵27万、羽林郎即禁卫军3万，共90万大军从长安南下。同时，苻坚又命梓潼太守裴元略率水师7万从巴蜀顺流东下，向建康进军。

东晋王朝在强敌压境，面临生死存亡的危急关头，以丞相谢安为首的主战派决意奋起抵御。晋帝任命谢安之弟谢石为征讨大都督，谢安之侄谢玄为先锋，率领经过7年训练，有较强战斗力的北府兵8万沿淮河西上，迎击秦军主力。

派胡彬率领水军5000增援战略要地寿阳，即今安徽寿县。又任命桓冲为江州刺史，率10万晋军控制长江中游，阻止前秦巴蜀军顺江东下。

农历十月，苻坚之弟苻融率前秦前锋部队攻占了寿阳，俘虏晋军守将徐元喜。与此同时，前秦军慕容垂部攻占了郧城即今湖北郧县。

东晋胡彬奉命率水军驰援寿阳，在半路上得知寿阳已被苻融攻破，便退守硖石即今安徽凤台西南，等待与谢石、谢玄的大军会合。

前秦苻融又率军攻打硖石，胡彬困守硖石，粮草用尽，难以支撑，写信向谢石告急，但送信的晋兵被前秦兵捉住，此信落在苻融手里。苻融立刻向苻坚报告了晋军兵少，粮草缺乏的情况，建议迅速起兵，以防晋军逃遁。苻坚得报，把大军留在项城，亲率8000骑兵疾趋

寿阳。

苻坚一到寿阳，立即派原东晋襄阳守将朱序到晋军大营去劝降。朱序到晋营后，不但没有劝降，反而向谢石提供了前秦军的情况。

谢石起初认为前秦军兵强大，打算坚守不战，待敌疲惫再伺机反攻。听了朱序的意见后，认为很有道理，便改变了作战方针，决定转守为攻，主动出击。

农历十一月，谢玄派遣勇将刘牢之率精兵5000奔袭洛涧。前秦将梁成率部5万在洛涧边上列阵迎击。

刘牢之分兵一部迂回到前秦军阵后，断其归路，自己率兵强渡洛水，猛攻秦阵。

前秦军惊慌失措，勉强抵挡了一阵，就土崩瓦解，主将梁成和其弟梁云战死，官兵争先恐后渡过淮河逃命，多人丧生。这一仗，极大地鼓舞了晋军的士气。

由于前秦军紧逼淝水西岸布阵，晋军无法渡河，只能隔岸对峙。谢玄就派使者去见苻融，用激将法让苻融的军队稍向后退，等晋军半渡过河时，再让骑兵冲杀，这样就可以取得胜利。

但是，前秦兵士气低落，结果一后撤就失去控制，阵势大乱。谢玄率领8000多骑兵，趁势抢渡淝水，向秦军猛攻。

　　朱序则在秦军阵后大叫："秦兵败矣！秦兵败矣！"前秦兵信以为真，于是转身竞相奔逃。

　　苻融眼见大事不妙，急忙骑马前去阻止，以图稳住阵脚，不料战马被乱兵冲倒，最终被晋军追兵杀死。

　　失去了主将的前秦兵越发混乱，最终彻底崩溃。前锋的溃败，引起后续部队的惊恐，也随之溃逃，行成连锁反应，结果全军溃逃，向北败退。

　　前秦军溃兵沿途不敢停留，听到风声鹤唳，草木皆兵，以为是晋军追来。

　　晋军乘胜追击，一直到达寿阳附近的青冈。前秦兵人马大为折损。苻坚本人也中箭负伤，逃回到洛阳时仅剩十余万人。

　　前秦苻坚惨败淝水，原因众多。其中主要有：骄傲自大，主观武断，不听劝阻，一意孤行地轻率开战；内部不稳，意见不一，降将思乱，人心浮动；战线太长，分散兵力，舍长就短，缺乏协同；初战受挫，就失去信心；不知军情，随意后撤，自乱阵脚，给敌人提供可乘之机；对朱序等人的间谍活动没有察觉，让对手掌握己方情况，使己陷入被动地位。

　　东晋军队的胜利，主要的因素归结起来就是：临危不乱，从容应敌；君臣和睦，将士用命；主将有能，指挥若定；得敌情之

实，知彼知己；士卒精练，北府兵以一当十；了解天时地利，发挥己军之长；初战破敌，挫其兵锋，励己士气；以智激敌，诱其自乱，然后乘隙掩杀；坚决实施战略追击，扩大战果。

晋军收复寿阳，谢石和谢玄派飞马往建康报捷。当时谢安正跟客人在家下棋。他看完捷报，随手把捷报放在旁边，照样下棋。

客人知是前方送来战报，忍不住问谢安："战况怎样？"

谢安慢吞吞地说："孩子们到底把秦人打败了。"

客人听了，高兴得不想再下棋，想赶快把这个好消息告诉别人。

谢安送走客人，回到内宅，他兴奋的心情再也按捺不住，跨过门槛的时候，踉踉跄跄地，把脚上的木屐的齿也碰断了。这是著名的典故"折屐齿"的来历。

知识点滴

完成统一的建康之战

　　建康之战是隋文帝杨坚与陈后主陈叔宝之间的战争，时间是588年秋至589年初。它结束了自东晋十六国以来南北连续270年的分裂局面，统一了天下，推动了民族的大融合，有利于当时社会经济的发展和文化的繁荣，同时也为唐代社会经济和文化的发展奠定了基础。

　　隋文帝开创了先进的选官制度，大力发展文化经济，使得我国成为当时的盛世之国。同时此时也是我国农耕文明的巅峰时期。

建康之战是隋统一战争中"先北后南"战略的重要组成部分，是隋文帝杨坚集中使用兵力，力避两面作战这一战略特点的体现。

在当时，隋文帝原来决定"先南后北"，也就是采用北守南攻的方针，先巩固北部边防，并部署一定数量的机动部队，以保障南进时后方稳定。

但是，当这一战略即将付诸实施时，北方的突厥突然进犯，对隋王朝构成严重威胁。隋文帝立即变更战略，改为"先北后南"，采用南和北攻方针，撤回南进大军，与南陈交好谈和。

隋文帝击败突厥后，便开始加紧灭陈准备，并为此采取了一系列改革措施。诸如继续推行均田制和租调力役制，在中央建立三省六部制，在地方推行州、县制，改革府兵制等，发展了社会经济，加强了中央集权，提高了军队战斗力。又经过几年励精图治，国力、军力显著增强。

587年，隋文帝君臣多次谋议灭陈之策，决定采纳尚书左仆射高颎、豫州刺史崔仲方等人的建议，根据长江地理形势与陈军分散守备之特点，实行多路进军而置重点于长江下游的部署。

一方面，在战前多方误敌、疲敌，破坏其物资储备，欲乘敌疲惫懈怠之机，然后突然渡江，东西呼应，一举突破取胜；同时在长江上游大造战船，加强水师。

另一方面，在出兵之前，扣留陈使，断绝往来，以保守军事机密。并且派出大批间谍潜入陈境，大量散发诏书，揭露南朝陈后主陈叔宝之罪，以争取人心。

588年秋，隋文帝在寿春置淮南道行台省，以晋王杨广为行台尚书令，主管灭陈之事。隋文帝命晋王杨广、山南道行台尚书令杨俊、清河公杨素为行军元帅，高颎为晋王元帅长史，右仆射王韶为司马，调集近52万人的水陆军，统由杨广节度，从长江上游至下游，分八路攻陈。是年冬，隋军发起攻灭南陈的大规模战役。

隋军的八路分为中上游与下游两部。行军元帅杨俊统帅中上游三路，他率水陆军由襄阳进屯汉口，以阻挡中游陈军支援下游南朝陈首都建康。

行军元帅杨素率舟师出永安东下，荆州刺史刘仁恩出江陵后与杨素会和，最后抵达汉口与杨俊军会和。杨素与刘仁恩军负责将长江中游一带的陈军驱赶到汉口围歼。

行军元帅杨广统帅下游五

路，他率领韩擒虎、贺若弼专攻建康，命王世积与燕荣为左右翼协攻江西、三吴。杨广率军出六合，庐州总管韩擒虎出庐，吴州总管贺若弼出广陵，三路集中围攻建康。

蕲州刺史王世积率舟师出蕲春攻九江掩护杨广主力。青州总管燕荣率舟师出东海沿海迂回南下入太湖，以奇袭吴县，深入三吴以支援杨广主力军。

589年正月初一，隋将贺若弼乘长江浓雾和陈叔宝正欢庆春节之机，自广陵即今江苏扬州，率军秘密渡江。此前，由于贺若弼曾多次以假象误敌，所以未被陈军重视。正月初四，陈叔宝才下诏抗击，但已为时过晚。

贺若弼攻占重镇京口即今江苏镇江，擒陈南徐州刺史黄恪，分兵再占曲阿即今江苏丹阳以阻三吴地区增援建康。

韩擒虎攻占姑孰，即今安徽当涂后，与贺若弼夹攻建康。这时的隋军主力也相继渡江，最后形成了大军合围建康之势。

与此同时，隋将王世积大败陈将纪瑱于蕲口，即今湖北蕲春境，当地陈军先后请降。燕荣军也自海上进入太湖。当时上游陈军已被杨素、杨俊军阻断，建康以外陈军无法东援建康，这就更进一步创造了

建康之战的有利条件。

589年正月二十，陈叔宝在"兵久不决，令人腹烦"的情况下，对贺若弼军发动白土岗之战。他仓促地派鲁广达、任忠、樊毅、孔范与萧摩诃率军出战，于白土岗南北列长蛇阵10千米，首尾进退互不相知。

贺若弼军集中兵力，攻破薄弱的孔范军。陈军全线溃退，贺若弼从建康宫城的北掖门攻入台城。

韩擒虎军占领秦淮河南岸石子冈，即今江苏南京雨花台后，陈将任忠请降，开北岸朱雀门迎韩擒虎入城。

当时陈叔宝身边大臣只有尚书左仆射袁宪一人。袁宪建议庄严地向隋军投降，但陈叔宝畏惧而不从，与爱妃张丽华、孔贵人躲到枯井里面。最后被韩擒虎俘虏，立国30多年的陈国灭亡。

建康被隋军攻下后，南朝陈尚占有长江中游、三吴与岭南地区。589年正月二十二，杨广进入建康，命令陈叔宝发令招降各地陈军。坚守江夏的周罗睺、陈慧纪与守备长江中游诸城的守将陆续投降，三吴、会稽等地不愿意归附隋朝者，

被杨广率军消灭。

建康之战，结束了自东晋十六国以来270多年分裂割据、战乱不止的局面，使中华大地重新统一。这是隋文帝对我国历史发展作出的重大贡献。

积极防御的太原之战

太原之战是唐朝在平定"安史之乱"的战争中，唐将李光弼挫败史思明叛军围攻太原的著名防御战，时间是757年春。

太原之战是古代城邑保卫战中以少胜多，以弱制强的一个典型战例，在我国战争史上占有重要地位。此战对稳定战局，掩护朔方战略基地，都具有重要意义。

李光弼在平定安史之乱的过程中，他计谋百出，功劳盖世，谱写了一幕又一幕的战争传奇。

李光弼在平定"安史之乱"的战争中，百战百胜，屡建奇功。

最出名的是指挥太原之战取得了重大胜利，充分表现了他的军事才能。他指挥的太原之战，是唐军取得的平息"安史之乱"的第一次重大胜利。

755年，身兼范阳、平卢、河东三节度使的安禄山，发动节度使的士兵及同罗、奚、契丹、室韦、突厥等民族组成共15万士兵，号称20万人，在范阳起兵反唐。第二年，他便占领了长安、洛阳，进入"安史之乱"的最高峰。

安禄山遣兵攻陷潼关后，正在博陵围困安史乱党之一的史思明的李光弼部，奉命撤围，西入井陉，返回太原。史思明乘机攻占常山，夺回河北全境。

757年，史思明自博陵、蔡希德自上党、高秀岩自大同、牛廷玠自

范阳，四路军兵力共10万之众，会师太原，企图夺取河东，进而长驱直取朔方、河西、陇右等战略要地。

当时，李光弼所统精兵都已被调往朔方，太原所剩只有河北兵5000人，加上地方团练武装，也不满万人。面对叛军的强大攻势，诸将都惶惧不安，主张修城自固。

李光弼认为，太原城方圆20千米，叛军将至而动工修城，是未见敌而先使自己陷于困境。于是，他率领军民在城外挖掘壕沟，并做了几十万个土砖坯。

史思明的大军开始攻打太原，李光弼命令将士用几十万个土坯修筑营垒，哪里被损，就用土坯补上。史思明派人去山东取攻城器械，以蕃兵3000人护送，在途中被李光弼遣兵拦击，将其全歼。

史思明围攻太原月余不下，便选精锐士卒为游兵，让他们进攻城南，再转攻城西，自己则率兵攻城北，而后转攻城东，试图寻找唐军防守漏洞。

李光弼治军严整，警戒巡逻无丝毫懈怠，使史思明无懈可击。

李光弼又派人挖掘地道，通至城外，叛军在城外叫骂挑战，常冷不防被唐军拖入地道，吓得叛军胆战心惊，走路时都低头看地。

史思明用云梯和筑土山攻城，李光弼便令唐军在城下先挖好地道，使其靠近城墙便塌陷。为阻止叛军强行攻城，李光弼还在城上安装抛石器，发射巨石，一发可击毙叛军20余人，叛军死于飞石之下者甚多，被迫后退，但围困愈加严密。

李光弼为打破叛军围困，以诈降手段，与叛军约期出城投降，暗地派人挖掘地道直至叛军军营之下，先以撑木支顶。

到约定之日，李光弼派部将率数千人出城伪降。叛军不知有诈，正在调动出营时，突然营中地陷，顿时一片慌乱。唐军乘机擂鼓呐喊，猛烈冲击，给叛军以重创。

正当太原之战紧张进行时，安禄山被其子安庆绪所杀。安庆绪夺取帝位后，命史思明回守范阳，留蔡希德等继续围困太原。

李光弼趁蔡希德势孤之际，果断率军出击，大破蔡希德军，缴获大量军资器械，蔡希德率残兵仓皇逃走。太原之围遂解。

太原之战胜利的消息传来，刚刚继位的唐肃宗李亨下诏奖赏李光弼，加司空兼兵部尚书，仍同中书门下平章事，封为魏国公。

　　李光弼智谋超群，采用顽强坚守与不断寻机出击相结合的战法，灵活运用地道、石炮等守城战术和装备，可谓出奇制胜，充分表现了他的军事才能。

知识点滴

　　李光弼与史思明与对阵时，他发现史思明骑兵颇强，因为他有从塞北带来的良马在军中服役。这些马都是公马，对起阵来对唐军威胁颇大。

　　史思明在没有战事时，便让人赶这批马去河边放牧。日久天长，李光弼想出一条获取这批良马的计谋。

　　李光弼以高价收购百姓的带驹母马，在叛军到河边放牧时，便传令把收来的那批母马赶出城去，而把马驹留在城中。结果，母马一下子带回了所有的公马。自此李光弼的骑兵战斗力大增，使叛军吃了不少苦头。

近古时期

从五代十国至元代是我国历史上的近古时期。

这一时期，各民族政权为了问鼎江山，战争不断。诸如宋辽间的澶州之战，宋金间的采石之战，还有宋元间的襄樊之战和崖山海战。

战争之后的议和活动，从某种意义上说，有利于各族经济文化的发展，为国家的统一准备了条件。这一时期的战略战术均发展到空前高度。战略上主张集中兵力，每战都选择要害之处并力求全歼，战术上常常以步兵抗击骑兵。但两宋抗击骑兵的战略，因时有议和而变为消极防御。

罢战言和的澶州之战

　　澶州之战是宋辽两国之间规模最大的一场战争，也是辽宋关系从长期对抗走向和平相处的转折点，发生于1004年。

　　此战双方参战军队多达数十万，结果以订立"澶渊之盟"而结束，从纯军事角度上看是打成了平手。而在政治角度上，有利于双方开展经济文化交流。

　　澶渊之盟订立后，两国之间百馀年间不再有大规模的战事，礼尚往来，通使殷勤。辽朝边地发生饥荒，宋朝会派人在边境赈济，宋真宗崩逝消息传来，辽圣宗"集蕃汉大臣举哀，后妃以下皆为沾涕"。

宋太宗赵光义在位时，为夺回燕云十六州，两次进攻契丹均告失败，被迫转攻为守。

宋真宗赵恒继位后，为防御辽攻掠河朔一带，集重兵于定州、天雄军等纵深要地，依托黄河天险，屏蔽都城东京。并在边地广开方田、河道为阻障；缮完城堡，募壮勇扼守，以抗拒辽戎骑攻掠。

1004年，辽为赢得有利结局，决计大举攻宋。辽军先以游骑深入祁州、深州，即今河北安国和今河北深县南两州境内，探察宋军防御部署。继而，辽圣宗耶律隆绪偕其母承天太后萧绰亲至幽州，即今北京进行谋划。

宋察觉辽企图后，命河北、河东诸路积极部署，做好准备。

不久，辽军会集固安。辽大将萧挞凛率先锋军南进，分兵攻宋藩镇威虏军和顺安军，以及北平寨和保州，皆被宋军击败。旋与辽圣宗、萧太后军会合，攻定州，被宋将王超率军阻于唐河。

萧太后初战受挫，遂移师阳城淀，即今河北望都东南休整，并利用宋降将王继忠致书宋帝，试探媾和。

辽军的大举进攻，引起宋朝廷上下恐慌，参知政事王钦若、签书枢密院事陈尧叟等劝说宋真宗暂避金陵或成都。宰相寇准据理相争，力请宋真宗亲征御敌。宋真宗采纳寇准建议，遣将加强各路的防御。

这时，萧挞凛南下祁州、深州；萧太后率主力围攻瀛州，即今河北河间，亲自击鼓督战，遭宋知州李延渥顽强抗击，十余日未克，反丧师3万余众。后撤围南下，会合萧挞凛攻冀州、贝州和藩镇天雄军。

宋军根据战况，将防御重点南移，分定州兵一部赴澶州，并命各路增援天雄军。

辽军自瀛州南趋天雄军，沿途遭宋军抗击。同时，宋以李继隆、石保吉分任驾前东、西两面排阵使，加强澶州及黄河沿岸的防御指挥。12日，宋真宗离京师赴澶州督战。

这时辽军进抵天雄军，攻城不克，转破藩镇德清军。继而逼近澶州，袭取藩镇通利军。

面对强敌，宋真宗亲率禁军在澶州御驾亲征，并登上城墙鼓舞士气。宋军官兵远远望见黄龙御旗，顿时欢呼声回荡在数十里外。

辽军一听宋皇帝来了，斗志一下子就垮了。寇准趁机指挥宋军出击，个个奋勇冲杀，消灭了辽军数千。辽军主将萧挞凛在澶州察看地形时，也被宋禁军伏弩射死。可见大宋禁军果然厉害。

与此同时，杨延昭军也从山西向辽军背后出击，20万辽军几乎被陷入合围死境。

杨延昭英勇善战，镇守边防二十几年，辽国对他非常敬畏。辽人迷信，相信天上北斗七星中，第六颗星是专克辽国的，因为杨延昭对于辽人很有威慑力，辽人以为他是那第六颗星转世，因此称他为"杨六郎"。

辽军虽攻占宋一些地方，但伤亡惨重，又失大将萧挞凛，战况急转直下，处境不利，亟愿罢战言和，遂加速和谈步伐。于是，宋、辽达成撤军协议，然后互换誓书。史称"澶渊之盟"。

澶渊之盟是北宋与辽经过多次战争后所缔结的一次盟约。宋、辽之间百余年间不再有大规模的战事，礼尚往来，通使殷勤。自此辽人不敢南侵，宋也保障了近百年的太平。

知识点滴

1004年辽军侵宋时，宋真宗命令将杨延昭的部下增至万人，驻防静戎之东，保卫河渠，阻挡辽骑兵的入侵。

辽军东趋保州，被杨延昭部所打败。在宋辽订立澶州之盟时，杨延昭提出反对意见，见解精辟透彻，但不愿劳民伤财的宋真宗最终没有采纳他的建议。

在宋辽订立了"澶渊之盟"后，杨延昭在辽军撤军时，率所部深入辽境，破敌城，俘敌众，算是对皇帝表示了抗议。

宋真宗知杨延昭之忠心，没有责怪他，又提拔他为莫州防御使和高阳关副都部署。

江河防御的采石之战

采石之战是南宋文臣虞允文率领军民于采石阻遏金军渡江南进的江河防御战，时间是1161年。此战是宋军民抗金斗争的重要战役，使金军未能如愿从采石矶渡江南侵。金军北撤，虞允文也因此在南宋朝野上下获得了极高的声誉。

采石之战是宋、金战争史上具有重要意义的战役，南宋军民在虞允文的指挥下，力挫南侵金军主力，打破了完颜亮渡江南侵、灭亡宋朝的计划，加速了完颜亮统治集团的分裂和崩溃，使宋军在宋、金战争中处于极为有利的地位。

金国完颜亮登上皇帝宝座后，梦想一举灭宋，自己成为正统。为此，他一面下令大规模调拨军队，制造战船，一面不断指责南宋招纳叛亡，盗买马匹，对和议履行不诚，并制造举兵的舆论。

1611年秋，完颜亮迫不及待地调动60万大军，号称百万，分兵四路南下，大举侵宋。完颜亮亲率东路大军，狂妄叫嚣：最多不过100天，灭掉南宋，统一全国。

金兵南侵已迫在眉睫，宋高宗起用尚在病中的老将刘锜，任命他为淮南、江南、浙西制置使，节制诸路军事，率军迎敌。

不久，金兵逼近淮河北岸，随后抢渡淮河，很快便占领了滁州，把战线又拉到了长江北岸。

刚刚赶到淮阴的刘锜，得知淮西已失守，又接到退守江南的命令，只好引兵退回京口，即今江苏镇江，布置防务。就在这时，金国内部又发生政变。原来完颜雍在部分女真贵族的拥立下登上帝位，宣布废黜完颜亮。

消息传来，完颜亮见归路已绝，便决定孤注一掷，自杨林渡，即今安徽省和县东渡江，欲取代南宋，在江南扎下跟基。但是，他低估了南宋方面的力量。

这时，南宋派虞允文前往采石犒师。虞允文来到采石，沿途见到北岸金兵营帐密布，大战一触即发。他看到形势异常危险，便把将士召集起来，激发他们的抗敌热情。

他指出："敌人万一得以渡过长江，我们就是后退也没有生路了。现在我们前有天堑，占有地利，还不如死中求生！况且朝廷养了你们30年，难道还不能一战报国吗？"

将士们听后，都说："谁不愿意杀敌立功？只是没有主将。"

虞允文见群情已起，于是就向大家宣布："朝廷已派李显忠前来负责军务。"

李显忠是深孚众望的勇将，将士们听说他来当主帅，立刻精神大振。虞允文接着又对将士说："现在军情紧急，在李将军到任之前，我愿意负责军务，和大家一道杀敌报国。国家是不会亏负我们的！"

在虞允文的感召下，众将士决心为国守土死战。虞允文清点宋军，却只有1.8万余人，战马数百匹而已，与金军相差悬殊。大敌当前，除了挺身而上，没有退路。虞允文迅速召集将领，研究制订作战方案。最后决定采用水、陆相互配合，以水战为主的方法。

宋军部署刚刚完毕，金军船队已在鼓噪渡江了。完颜亮在北岸高台上居中而坐，身着黄金甲，手挥小红旗，指挥几百艘战船从杨林河口出发，直驶长江南岸。船借风势，不一会儿，驶在前面的70多只战船已抵达南岸。金兵弃船登岸，直向宋军冲来。

此时虞允文穿梭于宋军各部之间组织迎敌，见部分金兵登陆，便拍着勇将时俊的背说："你以有胆略闻名四方，此时还立在阵后做什么？"

时俊见虞允文亲临阵地，勇气倍增，大喝一声，挥舞双刀冲向敌阵。士兵们一见将领向前，也随之冲了上去，登陆的金兵很快就被全

歼。这时候，江南风力渐弱，宋军水师开始了猛烈反击。在海鳅船上踏车的都是初临战阵的当地民兵，但他们毫无惧色，驾船直冲入金军船队。海鳅船船体大，速度快，金军战船船体小，与海鳅船相撞，大部分被撞沉，船上的金兵多半淹死在江中。完颜亮不甘心放弃，他把剩余的船只重新集结起来，准备再次发动进攻。

时近黄昏，一队从他处撤退下来的宋军路过采石，虞允文便动员他们从山后绕到江边，打旗擂鼓。完颜亮以为宋军援兵来到，不敢再战，急忙命令金军船队向后撤退，舍舟登岸。宋军强弩手乘胜追射，把金军杀得大败。完颜亮率领残兵败将，退至和州。

宋军以少胜多，取得了巨大胜利。虞允文一面向朝廷报捷，一面犒赏将士。但他并未被暂时的胜利冲昏头脑，清醒地认识到，敌军人多势众，并不会因此沉重一击而善罢甘休。

虞允文说："敌军今天败了，明天将卷土重来。"

随后召集众将领连夜重新进行战斗部署：把大部分战船开到杨林河口，封锁金军出入的水道，另派一队海船停泊在上流。

第二天天一放亮，大批金兵果然乘船又来进攻。虞允文指挥宋军对金兵形成夹攻之势，用一种叫做"神臂弩"的劲弩射击敌船。一时间飞箭如蝗，许多金兵应弦而倒。宋军船上的霹雳炮也开始发挥威力，轰击敌船。

宋军经昨日一战，士气大涨，今日作战更加勇猛。金军经受不住宋军的夹击，开始撤退。停泊在杨林河口上流的宋军，此时乘势放火，把金军百余艘战船全部烧毁。经过这一仗，金军在淮西的主力，基本被歼灭了。

金军惨败采石矶，完颜亮仍不甘心。他见军事进攻不成，便企图使用反间计，离散宋军军心。完颜亮写了一封信，派人送至宋营，说是与宋将有约云云。

虞允文识破完颜亮的计策，写了一封回信，表示要同金军再战，决一雌雄。完颜亮见信大怒，却又无计可施，只好下令移师瓜洲渡口，企图从此渡江，夺取京口。

京口此时由老将刘锜把守。刘锜久卧病榻，实际上已不能处理军务。虞允文料想金兵定会由此乘虚而入，便自告奋勇，请求已到任的李显忠拨给他一部分军队，支援刘锜。

李显忠钦佩虞允文的勇气和胆识，立即调拨了1万余人马。虞允文率军星夜开向京口，协助刘锜在江面上进行了严密的防御部署。

金军将领在北岸看到南宋已早有准备，知道渡江难以成功。有一个将领指出，瓜洲江面比采石宽阔，请求完颜亮不要忙着进攻，待退回扬州再做打算。

气急败坏的完颜亮非但不听，反而打了他50军棍，接着下令：军士逃亡者，杀其领队；部将逃亡者，杀其主将。强令金军渡江。这样一来，使得军中人人自危，军心骚动。一些金军将领开始秘密商议，准备起事，杀死完颜亮。

一天早晨，金将浙西路都统耶律元宜率众将完颜亮乱箭射死于营帐中。此时进攻南宋的其他三路金军，在南宋军民的奋力抵抗下也遭到了失败。耶律元宜见大势已去，便领军从瓜洲向北撤退15千米，用都督府的名义，派人持信到京口议和。

采石之战是一场以少胜多的经典战例。虞允文临危不乱，指挥出色，充分发挥了他的军事才能。经此一战，金国对南宋的威胁暂时解除了。

知识点滴

虞允文是个书生，从来没有指挥过战争。但是爱国的责任心使他鼓起勇气。完颜亮侵宋时，他被派到采石劳军。

有个跟随虞允文一起去的官员悄悄地对虞允文说："朝廷派您来劳军，又不是要您督战。别人把事办得那么糟，您何必背这个包袱呢？"

虞允文气愤地说："这算什么话！现在国家遭到危急，我怎么能考虑自己的得失，逃避责任。"

虞允文看到队伍涣散，十分吃惊，就立刻召集宋军将士，认真布防。最后，成功挡住了完颜亮的攻势。

历时六年的襄樊之战

　　襄樊之战，也称"襄阳之战"，是我国历史上宋元王朝更迭时的关键一战。此战从1267年蒙将阿术进攻襄阳的安阳滩之战开始，中经宋朝吕文焕反包围战，张贵、张顺援襄之战，龙尾洲之战和樊城之战，宋终因孤城无援，于1273年以襄樊失陷而告终，历时近6年。

　　在这段时间内，双方为了争夺襄樊这个历来被称为兵家必争之地的水路交通要塞，几乎集中了当时世界上最精锐的骑兵和水军，动用了当时能够找到的一切先进武器。

　　此战之后，南宋几年间败亡，忽必烈统一了天下。

忽必烈登基称汗后，把都城迁至燕京，即今北京。接着又着手恢复和发展社会生产，并扩充军队，制造兵器，增修战船，积极为攻取南宋创造条件。

这时，南宋潼川安抚副使刘整因受上司整治，向朝廷申诉无门，愤然以泸州十五郡降附蒙古。刘整的叛降，使忽必烈完全了解了南宋的国情虚实，因此下定了消灭南宋的决心。

忽必烈总结以往攻宋的战略得失，认识到要打开攻宋战争的新战局，必须选准用兵突破口。为此，忽必烈多次召开军事会议，让众将领充分发表意见，献计献策。

最后采纳了刘整的建议，制定出以主力进攻襄樊，扼制长江中游，实施中间突破，然后顺江东下、直取临安的战略方针。

忽必烈选择襄樊这块战略要地作为进攻南宋的突破口，正击中了南宋的要害。

襄樊地处南阳盆地南端，西邻关陕，东达江淮，南通荆湖、巴蜀，北距三都，为鄂、豫、陕交通要冲。樊城居汉水北，襄阳在汉水南，两城隔水相对，互为犄角，地形险要，易守难攻，是扼守长江的屏障。

忽必烈出兵前，按刘整的建议，用玉带贿赂依附贾似道的鄂州帅吕文德，以置榷场互市为名，秘密在樊城外的鹿门山修筑堡垒，建

立了进图襄樊的第一个据点。

1267年冬，忽必烈命大将阿术为主帅，刘整为副帅，备师进攻襄樊，同时出兵川蜀、淮西，配合中路进攻。

南宋派吕文德的弟弟吕文焕知襄阳府兼京西安抚副使，以重兵防守，两军在襄阳城下对峙。

忽必烈向阿术下达围城阻援、先困后攻的作战指导方针。阿术军在忽必烈的授意下，开始在襄阳外围构筑长围，用垒寨连接起来，以阻止城内宋军出击。又派重兵于鹿门山和襄阳西边的万山，以断宋军粮道。

接着在万山、白河口汉水中立栅，切断宋军沿汉水增援的道路，又在德安、京山等地集结兵力，牵制和分散宋军增援部队，保障对襄阳的长期围困。

蒙古军虽把襄阳围得如铜墙一般，阿术仍然清醒地看到，宋军在战略上处于劣势，但在战术上却具有一定的优势，尤其长于扼守险隘

要津和水战，而蒙古军的弱点也恰恰在于水军力量不足。于是，他建议忽必烈增强围城水军的力量。

忽必烈采纳了阿术的建议，增调战船5000艘，水兵7万人，投入襄樊战场。蒙古军所筑垒寨得水军之助，如虎添翼，使襄阳守军陷入了孤城困守的境地。

以后的战斗过程表明，蒙古军增强水军力量并投入战斗，是一个关系战役全局的战略性变化。

1269年春，蒙古军又包围樊城。宋京湖都统制张世杰率兵救援，结果在赤滩浦被阿术军打败。宋沿江制置副使夏贵乘汉水暴涨之机率舟师援襄，在虎尾洲遭到蒙古水军重创。殿前副都指挥使范文虎以舟师支援，在灌子滩又为元军所败。宋军几次入援失败，使得襄、樊两城的守军处境更加困难。

忽必烈派刘整在襄樊前线就地建造战舰，操练水军。又用张弘范议，加强襄樊外围城栅。如此一来，襄樊与外地的水陆交通全部断绝。

襄阳守将吕文焕只能以小渔船渡汉水窥伺军情。他的哥哥吕文德没想到自己当初因贪小利，给朝廷和自己的亲属带来这么大的灾祸，悔恨不已，背发毒疽而死。

吕文德死后，南宋另派在两淮抗击蒙古军有功的李庭芝为京湖制置大使，继续督师进援襄樊。又令太师贾似道的亲信范文虎从中进行牵制。范文虎以贾似道为靠山，相互勾结，根本不以襄阳告急为意，拒不出兵。

吕文焕得不到救援，只好率襄阳守军万余人出击突围，进攻襄阳西面的万山堡，结果被蒙古军击败，被迫又退入城中。在没有南宋援兵的艰苦情况下，襄、樊两城军民利用江面上的一座浮桥相互支援，共同坚守。他们拆房屋作柴，缝钞币当衣，丝毫没有动摇守城的决心。

1271年，忽必烈称帝，改国号为"大元"。范文虎在南宋朝野的一片呼吁下，不得已令总统殿前司两淮诸军援襄，与阿术在湍滩交战，结果大败。

范文虎又率舟师10万、战舰1000余艘，进至鹿门，遭到阿术迎击，再次大败，范文虎乘着夜色逃走。范文虎两次援襄失败后，李庭芝决定组织一支敢死队，进行一次冒死冲击元军防线、入援襄樊的尝试。

李庭芝在襄阳西北的均州和房州招募民兵3000人，并制造轻船，以民兵勇将张顺、张贵为都统，在均州上游水域加紧训练，进行入援

准备。

1272年，3000人敢死队在张顺、张贵的率领下，趁汉水上涨之机，乘船百艘，满载布帛、食盐等物资溯流入援襄樊。敢死队沿途斩断元军布设的铁索、木桩，转战60千米，冲破重重封锁。张顺在途中身中四枪六箭，不幸战死。最后这支援军终于在张贵的带领下到达襄阳城下。城中断绝外援已久，军民们听说援军到了，民心士气为之大振。

为了长久解决襄樊的物资困难，张贵建议联络新郢的交通。他派了两名擅长潜水的勇士，带着蜡书，冒着生命危险突破封锁，到新郢与范文虎联系，范文虎答应约期派兵夹击元军。但不幸的是有人离军叛逃，泄露了张贵的突围计划。

元军加强防备，张贵率军奋力死战，终于到达与范文虎约定会师的地点。可他万万没有想到，怯懦的范文虎竟然违约退兵，使元军抢先占据了龙尾洲，以逸待劳。

张贵孤军奋战，所率勇士全部战死，张贵最后也因伤重被俘壮烈牺牲。此后，襄樊同外界的一切联系又完全断绝了。

元军包围襄樊前后达5年之久，却久攻不下，不得不调整战略部署，改变战法。

元将阿里海牙在分析了攻守形势后上奏忽必烈："襄阳之有樊城，犹齿有唇。宜先攻樊城，断其声援。樊城下，则襄阳可不攻而得。"

忽必烈采纳了他的意见，命阿术指挥元军，刘整、阿里海牙指挥汉军，加紧进攻樊城。

元将张弘范向阿术献计说："若从陆路攻樊，襄阳出舟师救援，恐难以得手。只有先截断江上浮桥，阻其援兵，再水陆夹击，才能破樊城，那时襄阳就不攻自下了。"

阿术认为有理，遂按此计行动，于1273年正月，派水军焚毁了襄

阳通往樊城的浮桥，切断了两城联系。接着，阿术集中水陆兵力，又调来产自西域的巨炮"回回炮"，向樊城发起总攻。樊城守军得不到襄阳的支援，于正月十一城池失陷。

樊城守将牛富率兵与元军展开巷战，最后身负重伤，投入火中自焚而死。另一位宋将范天顺见大势已去，表示"生为宋臣，死为宋鬼"，在所守之地也自杀身亡。

樊城失陷后，吕文焕不断设法向临安告急。贾似道蒙蔽宋度宗说，襄阳之围一定能解，背后却命令不向襄阳派一兵一卒。

元军从樊城移师直攻襄阳，以"回回炮"攻城。吕文焕见待援无望，又害怕"回回炮"的威力，只好献城投降。历时6年的襄樊攻防战，终于以元军全取襄樊而结束。

元军攻占襄樊，使蒙、宋30余年来对峙的僵局被打破，从而使宋、元战局的发生了根本性变化。

知识点滴

南宋将领范天顺四肢发达，孔武有力，看上去很有威慑力，他手中的大刀在军中鲜有敌手。范天顺官爵功业虽然卑微，但忠义之气没有丧失。

襄阳被围，范天顺白天晚上不离战斗一线，一直和将士们在一起。吕文焕出降，范天顺宁为玉碎、不为瓦全，自己缢死，可以说是遇到危难时，不惜献出生命。

南宋朝廷有感于他的气节，赠他定江军承宣使，制书评述其功，又封他的妻子为宜人，以他的两个儿子为官，还赐给500两银子，500亩田。

决定兴亡的崖山海战

崖山海战又称崖门战役，是宋军与元军在崖山进行的一场决定生死存亡的大规模海战，时间是1279年。相传宋元双方投入军队30余万，战争的最后结果是元军以少胜多，宋军全军覆灭。此次战役之后，宋朝也随之覆灭。

崖山之战，是我国古代军事史上一次规模较大的海战，在我国海战史上占有重要地位。它意味着南宋残余势力的彻底灭亡，标志忽必烈最终统一中国。

崖山海战中让人永远无法忘却的是张世杰、文天祥两位英雄。他们是中华民族后世学习的榜样。

　　元军攻占襄樊后，直逼南宋首都临安。宋朝廷求和不成，于是5岁的小皇帝宋恭帝投降。宋度宗的杨淑妃在国舅杨亮节的护卫下，带着两个儿子益王赵昰和广王赵昺出逃，在金华与大臣陆秀夫、张世杰、文天祥等会合。接着进封赵昰为天下兵马都元帅，赵昺为副元帅。

　　元军统帅伯颜继续对赵昰和赵昺穷追不舍，于是他们只好逃到福州。不久，刚满7岁的赵昰登基为帝，改元"景炎"，尊生母杨淑妃为杨太后，加封弟弟赵昺为卫王，张世杰为大将，陆秀夫为签书枢密院事，陈宜中为丞相，文天祥为少保、信国公并组织抗元工作。

　　赵昰做皇帝以后，元军加紧灭宋步伐，不久后攻陷福州。赵昰南宋流亡政府直奔泉州。到了泉州，张世杰要求借船，却遭到泉州舶使、商人蒲寿庚拒绝。于是张蒲之间产生矛盾，导致蒲寿庚投降元军。

　　张世杰抢夺船只出海，南宋流亡政府只好去广东。赵昰准备逃到雷州，不料在海上遇到台风，龙舟倾覆，赵昰差点淹死并因此得病。由于多年的娇生惯养和自身体质虚弱，赵昰终于病死于广东的硇洲岛上，享年10岁，葬于永福陵，庙号端宗。他死后，7岁的弟弟卫王赵昺在碙州登基，年号"祥兴"。

　　赵昺登基以后，左丞相陆秀夫和太傅张世杰护卫着赵昺逃到崖山，在当地成立据点，准备继续抗元斗争。不久，在现在的广东和江西两省交界处抗元的文天祥得不到流亡政府的支援，被南宋降元将领张弘范在五坡岭生擒。文天祥作《过零丁洋》诗，最后慷慨就义。南宋在陆地的抗元势力覆灭。

　　1279年，张弘范大举进攻以赵昺为首的南宋。攻占广州，西夏后裔李恒也带领援军加入战事。起初宋军兵力约有20万人，战船1000多艘；元军只有2万人，战船50余艘，北方人不习海战，多晕眩不支。

　　这时，宋军中有人建议，应该先占领海湾出口，保护向西方撤退的路线。张世杰为防止士兵逃亡，否决建议，并下令尽焚陆地上的宫殿、房屋、据点；又将下令将宋军船只以"连环船"的办法用大绳索"一"字形连贯在海湾内，把赵昺的"龙舟"安排在军队的中间，坐镇指挥。

　　元军以小船载茅草和膏脂，乘风纵火冲向宋船。但宋船皆涂泥，并在每条船上横放一根长木，以抵御元军的火攻。元朝水师火攻不成，以水师封锁海湾，又以陆军断绝宋军汲水、砍柴的道路。

　　宋军吃干粮十余日，口干舌燥，许多士兵以海水解渴，大量呕泄。张世杰率苏刘义等大战元军，张弘范擒张世杰甥韩某，以其向张世杰3次招降不果。

　　元军中有人建议张弘范先用火炮，但他认为火炮一旦打乱宋军"一"字阵型，就会令其撤退。于是，他将军队分成四份，宋军的东、南、北三面皆驻一军；张弘范自领一军与宋军相去里余，并以奏乐为总攻讯号。元军假装奏乐，宋军听后以为元军正在宴会，便稍微松懈了。

正午时分，张弘范的水师于正面进攻，接着用布遮蔽预先建成并埋下伏兵的船楼，以鸣金为进攻讯号。各伏兵负盾俯伏，在矢雨下驶近宋船。两边船舰接近，元军擂鼓助威，一时间连破七艘宋船。宋师大败，元军一路打到宋军中央。

赵昺的龙舟在军队中间，44岁的陆秀夫见无法突围，便先将自己的妻儿赶下海，接着便对赵昺申明大义，赵昺被吓得哭作一团。接着陆秀夫便背着8岁的赵昺毅然蹈海。不少后宫嫔妃和大臣亦相继跳海自杀。

张世杰希望奉杨太后的名义再找赵氏后人为主，以图后举，但杨太后在听闻儿子的死讯后亦赴海自杀，张世杰将其葬在海边。不久张世杰在大风雨下溺死于平章山下。崖山海战的胜利宣告了忽必烈最终灭掉南宋，元朝统一了全国。

知识点滴

南宋末年著名的民族英雄文天祥少年时生活困苦，在好心人的帮助下才有机会读书。

一次，文天祥被有钱的同学误会是小偷，他据理力争，不许别人践踏自己的尊严，终于证明了自己的清白。通过这件事，更加树立了文天祥金榜题名的志向。文天祥在抗元作战中被俘，忽必烈许以高官厚禄进行诱惑，文天祥不为所动。

在元大都刑场，监斩官问他还有什么话要说，文天祥喝道："死就死，还有什么可说的？"说罢向南方跪拜，然后引颈就刑，从容就义。

近世时期

　　明清两代是我国历史上的近世时期。这一时期的战争，主要是巩固统一和反抗外来侵略的战争，反映了我国封建社会鼎盛时期的特点。

　　明清时期的军事技术有较大发展，古代火器达到鼎盛，出现了炮兵、辎重兵，军队装备和编制也随之发生了巨大变化。而作战指挥和战术运用也在发展，出现了集中兵力的歼灭战，冷热武器并用的协同战，及依靠人民的卫国战等，体现了运筹帷幄，决胜千里的战争艺术。

解除威胁的北京保卫战

　　北京保卫战亦称京师保卫战，是明朝在兵部尚书于谦的领导下，将蒙古瓦剌首领也先所率攻打北京的大军击退的战争，时间是1449年。于谦和主战派官员领导和组织的京师保卫战，取得了胜利，粉碎了瓦剌军企图夺取北京的野心，明王朝转危为安。

　　北京保卫战的胜利，不仅增强了京师部队的战斗力，而且还训练出了一支战斗力较强的机动兵力，使瓦剌军不敢窥视京师，并且还促进了边防建设，收复了许多要塞和重镇，使明王朝的统治得到了进一步的加强。

元朝被推翻后，一部分残余势力逃往漠北，历史上称作"北元"。北元残部经历了几十年的演变和分裂，分成鞑靼和瓦剌等部。

至15世纪中叶，瓦剌部在其首领脱欢、也先的统领下逐渐强盛起来，并统一了蒙古各部，成为明王朝北方的劲敌。

1449年初，蒙古瓦剌部落太师也先以明朝减少赏赐为借口，兵分四路，大举攻明。宦官王振不顾朝臣反对，怂恿明英宗朱祁镇御驾亲征。

行至土木堡，即今河北怀来东，被瓦剌军队追赶上来，并团团围住，两军会战，明军全军覆没，王振被部下杀死，明英宗被瓦剌军俘虏。这就是历史上有名的"土木之变"。

消息传到北京，群臣相对而泣。朝议中，有人提议将国都南迁以解救国难，兵部侍郎于谦站出来，义正词严地予以斥责，并主张现在应立刻调集勤王之兵，誓死守卫京师。

于谦的意见得到了多数朝臣的支持。于是，朝廷任命于谦为兵部尚书，负责部署保卫北京的事宜。

于谦受命于危难之秋，首先调两京、河南备操军，山东及南直隶沿海备倭军，江北及北京诸府运粮军，紧急集中北京，又派人到京畿、山东、河南等地招募兵士，速成训练，以备调遣；将通州可供京师一年之用的数百万石粮米运入北京，加强后勤实力。

紧接着，于谦组织军民加固城墙，并疏散城外周围居民，加大防御纵深。又命工部赶造兵器战车，同时将南京库存的军用物资赶运来京。还派人到土木堡收集明军丢弃的盔甲兵器，以充实战备。

这些措施实施之后，在短时间内就组织起了22万兵强马壮的守卫大军，明军的守城实力迅速得到了加强。

1449年秋，也先率瓦剌军分三路大举攻明。东路2万人取古北口，即今北京密云东北，作为牵制力量；中路5万人，从宣府方向进攻居庸关；西路由也先亲自率10万主力，挟持明英宗，经大同进攻紫荆关，即今河北易县紫荆岭，企图从东、北、西3个方向分进合击，一举夺占北京。

也先由熟知紫荆关设防部署的被俘太监喜宁引导，率军偷越山岭，内外夹击，攻克了紫荆关。此后，又挥师南下，经易州，即今河北易县北上直逼北京。

于谦得到瓦剌入侵的战报后，立即奏请明景帝朱祁钰，急调各地宗室的部队进京勤王，以配合北京守军夹击瓦剌军。接着于谦召集抗战指挥集团，商讨作战方略。

针对敌人的来势，兵马司提出，拆毁城门外民房，实行坚壁清野，以利于战守。都督王通发表意见说：发动军民在城外挖深壕，前筑工事据守。

总兵石亨则主张军队全部撤入城内，尽闭9座城门，坚壁死守。众将领虽然意见不尽一致，但都认为瓦剌军来势凶猛，应先避敌锋芒，以守为主。

于谦不同意这些意见，认为不应该消极防御，他向众将领陈述了自己的主张："瓦剌现在气势嚣张，据守不战则表示我们害怕他们，这就会更加助长敌人的气焰。我们不能示弱，让他们轻视我们。我认为应该列阵于城外，用冲锋来迎战他们。"

众人听后，也觉得拒敌于城外更为主动，都同意了于谦的主张。最后，于谦同众将领协商制定了依城为营、以战为守、分调援军、相互配合的作战部署。

于谦随即将调集的22万军队依城列阵于9门之外，都督陶瑾、刘聚等将领分别统兵列阵于安定门、西直门等城门下，于谦则同石亨指挥诸军，并亲率副总兵范广、武兴列阵在德胜门外，挡住瓦剌军的来路。同时派都督王通、副都御史杨善率一部分兵力防守城内。

布置完毕，于谦下令闭门誓师，宣布任何人即使战败也不得退入城内。并且还规定，将领临阵不顾军队先退的，斩首；军士不听将领指挥先退的，后队斩前队。

于谦甲胄披身，眼噙泪花，号召守城三军："要用我们的头颅与热血，来雪皇帝被俘的奇耻大恨！"

不久，瓦剌军主力逼

近北京。也先命军队列阵于西直门，而把明英宗放置在德胜门外，想要迫使明政府献城投降。

于谦不为所动，决定先发制敌，打一打也先的气焰，于是命令都督高礼、毛福寿率军出击，在彰义门北，打败了瓦剌军先锋，斩杀数百人，夺回被俘者千余人。这天晚上，于谦又派薛斌率军潜入瓦剌军营，偷袭成功。瓦剌军受此两挫，士气大为折损。

也先原以为明军不堪一击，没想到北京守军阵严气盛，战斗力这么强，开始感到有点惊恐。也先料想如果继续打下去，恐怕于己不利，便采纳了投降太监喜宁的计策，遣使入城，邀明政府派大臣"迎驾"议和，妄图诱于谦、石亨等人前来，将其扣留，使明军失去指挥，不战自溃。

于谦马上意识到这是一个阴谋，但为了揭穿也先的诡计，掌握主动，遂派赵荣、王复前往谈判。同时，于谦下令守城将士不得谈论议和之事。

也先见于谦、石亨等重要将领未到，就借口来使官小，不与谈判，要于谦、石亨、王直等人亲自前来。

这时朝中主和派又乘机大倡和议之策，明景帝一时难以决断，就派人征求于谦的意见。

于谦坚定地回答："现在我只知道有战事，其他事一概不愿听到。"并劝明景帝，"当前应以社稷为重，君为轻。"于谦的一番话，坚定了明景帝抗战的决心，粉碎了也先的阴谋。

诡计不成，也先撕下了议和的伪装，集中主力向德胜门发动进攻。于谦令石亨在城外民房设置伏兵，派小队精骑主动迎击，交战后佯装败退，诱使敌人进入设伏地域。

也先果然中计，率万名骑兵紧追不舍。明军出其不意，指挥神机营突然发射神铳、火箭，打得瓦剌军晕头转向。石亨乘机率伏兵投入战斗，前后夹击，瓦剌军死伤无数。

号称"铁颈元帅"的也先弟弟勃罗和平章卯那孩也中炮身亡。也先这时才发现明军主力就在德胜门，于是急忙撤军，集中力量转攻西直门。

都督孙镗率西直门部队迎击瓦剌军，杀败了瓦剌军先锋。但也先不断增兵，孙镗力战不支，想退入城中。负责监军西门的给事中程信严令不许开城门，让城上守军发射火器轰击瓦剌军，配合孙镗守军战斗。就在这时，高礼、毛福寿和石亨率援兵从彰义门、德胜门赶到，会合孙镗三面围攻瓦剌军。瓦剌军抵挡不住，在也先的率领下仓皇向西南方退去。

第二天，也先整顿兵马，再次进攻彰义门。于谦派武兴、王敬率军迎战。明军前队以神铳轰击，后队列弓弩继进，将瓦剌军击退。而明景帝所派的监军太监率数百骑企图抢前争功，冲乱了明军的阵势，副总兵武兴中箭牺牲。瓦剌军乘势反击，追至德胜门外的土城。

在此危急时刻，土城居民纷纷爬上屋顶，大声呼喊，向瓦剌军投掷砖石，配合明军攻打瓦剌军。金都御史王弦和都督毛福寿又率援军赶到，再次打退瓦剌军的进攻。

与此同时，进攻居庸关的5万瓦剌军也遭到守关明军的顽强抵抗，被迫撤退。也先见北京城防守严密，屡战不利，手中的明英宗又失去了要挟作用，在得到中路军兵败居庸关的消息后，又获悉各地勤王军即将到达，他害怕后路被切断，于夜间偷偷拔营撤走。

于谦发现也先撤军，立即派石亨等集中火炮轰击，并急令明军乘胜追击，又在固安、霸县歼灭瓦剌军万余人，擒获其将领48人，夺回被掳人口、牲畜数以万计。

至此，北京保卫战取得了完全的胜利。

瓦剌败退后，于谦继续加强北方边镇的防务。也先几次出兵南犯，都被击退。在武战不胜、求和不成的情况下，瓦剌被迫无条件释放明英宗回朝，恢复了对明代的臣属关系。其后，瓦剌内部矛盾不断加剧，势力渐衰，明朝北方边境的威胁得以解除。

知识点滴

　　于谦是明朝有名的清官，深得老百姓的爱戴，被尊称为"于青天"。

　　于谦60岁寿辰那天，门口送礼的人络绎不绝。于谦叮嘱管家，一概不收寿礼。就连皇上派人送的一只玉猫金座钟，也被拒之门外。

　　于谦办事铁面无私，清廉不赂，得罪了朝廷中的一些贪官。后来于谦在贪官的诬陷下，被皇帝罢官问罪。

　　于谦在牢里写下了这样的一首诗："千锤万凿出深山，烈火焚烧若等闲。粉骨碎身全不怕，要留清白在人间。"

第一次反侵略的抗倭之战

　　明抗倭之战是我国历史上第一次反侵略战争，从1555年开始的人民抗倭斗争，到1563年民族英雄戚继光率领"戚家军"打败倭寇，前后历经8年，最终取得了抗倭战争的胜利。平定倭患，维护了民族尊严和国家主权，使人们能安居乐业，发展生产。

　　此次军民抗倭战争的胜利，基本上消除了明代近200年的倭患，是抗击外来侵略、保卫祖国海疆的著名范例，也为我国海防建设提供了宝贵的历史经验。

元末明初，日本正处于南北朝分裂时期，封建诸侯割据，互相攻伐。在战争中失败了的封建主，就组织武士、商人、浪人到我国沿海地区进行武装走私和抢掠骚扰，历史上称其为"倭寇"。

明初，国力强盛，重视海防设置，因此，倭寇未能酿成大患。

明正统以后，海防松弛，加之沿海一带私人经营的海上贸易十分活跃，倭寇祸患越来越严重。这些海商大贾、浙闽大姓为了牟取暴利，不顾朝廷的海禁命令，和"番舶夷商"相互贩卖货物。

他们成群分党，形成海上武装走私集团，有的甚至亡命海外，勾结日本各岛的倭寇，于沿海劫掠。这些海盗商人与倭寇勾结，使得倭患愈演愈烈。

1555年春，由汉、壮、苗、瑶等族人民组成的抗倭军队，在明爱国将领张经领导下，于浙江嘉兴北的王江泾大破倭寇。这是抗倭战争取得最大胜利的一次，称为"自有倭患来，此为战功第一"。

同年秋天，明朝著名抗倭将领戚继光从山东调到浙江御倭前线，任浙江都司金书。次年被推荐为参将，镇守宁波、绍兴、台州三府，不久又改守台州、金华、严州三府。这些地区是倭寇时常出没、遭受倭患最严重的地方。

戚继光到任后，决定招募新军。经过几个月的严密组织和艰苦训练，他建立起一支以义乌农民和矿夫为主的3000新军，并创造了"鸳鸯阵"的战术，用以训练士兵。这支军队英勇善战，屡立战功，被誉为"戚家军"。

1561年，2000余人倭寇乘50余艘船，聚集于宁波、绍兴海面伺机入侵。戚继光立即督舟师出巡海上。倭寇遂离开台州防区骚扰奉化、宁海，以吸引明军，而后乘机进犯台州。

戚继光命军队一部分守台州，一部分守海门，自率主力赴宁海。倭寇侦知戚家军主力去宁海，台州空虚，遂分兵三路分别进攻台州桃渚、新河、沂头。戚继光部署的兵力，与敌人展开了台州大战。

倭寇乘机大肆抢掠新河城外各地。城内精壮士兵大都出征，留守者人心惶惶。戚继光夫人挺身而出，发动妇女守城，迫使倭寇不敢贸然逼近。第二天，在宁海的戚继光令胡守仁率部驰援新河。

　　倭寇逼近新河城下时，援军赶到，双方展开激战。入夜，戚家军打败倭寇，残倭从铁岭方向逃走。次日，戚家军乘胜追击，将残倭打得落花流水。

　　戚继光击败宁海之倭后，听说进犯桃渚之敌焚舟南流，改进精进寺。他认为敌人这样做，是想乘虚侵犯台州府城，于是挥师南下，决定急行军先敌到达府城。于是，双方于离城仅1千米的花街展开激战。

　　戚家军前锋以火器进攻，杀死敌人前锋头目，敌人主力大败退逃。戚家军即分兵两路猛追，将一股敌人沉于江水中，另一股被歼灭于新桥。只一顿午饭的工夫就结束了战斗，战果颇丰。

　　5月1日，泊于健跳沂头海面的倭寇进至台州府城东北的大田镇，妄图劫掠府城。戚继光率军人在大田岭设伏，与倭寇对峙。敌人闻有备，遂逃至大田，欲窜犯仙居，劫掠处州。

　　大田至仙居必经上峰山，山南是一狭长谷地，便于伏击敌人。戚

继光先敌人到达上峰岭，令每人执松枝一束隐蔽身体，严阵待敌。倭寇列10千米长队向仙居方向行进。

戚家军待倭寇进入伏击圈，鸟铳齐发，并列成一头两翼一尾阵，居高临下，勇猛冲杀。倭寇措手不及，仓皇应战，当即有数百人缴械投降。余倭被迫退至白水洋朱家大院，被戚家军全部歼灭。

不久，戚家军又取得了藤岭战斗的胜利，还消灭了窜犯宁海以北团前、团后占据长沙的倭寇。从四月下旬开始，戚家军以少敌众，在一个多月的时间里连续取得了新河、花街、上峰岭、藤岭、长沙等战斗的胜利，消灭倭寇数千人，使侵犯台州的倭寇遭到毁灭性的打击。

倭寇窜犯宁波、温州，戚家军和其他明军配合，全歼倭贼，此后，倭寇未再大规模进犯台州地区，浙江的倭患基本平息。浙江倭患平息后，倭寇纷纷南下骚扰福建，福建成为倭患中心。

　　1562年夏，戚继光被派往福建剿倭。他入闽碰到的第一个倭巢是横屿，这是福建宁德县城东北海中的一个小岛，岛上倭寇有数千人，盘踞数年，明军无可奈何。

　　戚继光决心攻拔这一据点。他让士兵每人拿一束草，随进随用草填泥，士兵摆成鸳鸯阵，戚亲自击鼓，士兵在战鼓声中踏草前进。

　　上岸后，兵士奋勇当先，与倭寇展开激战。后续部队也涉过泥滩，双方夹击，乱了敌倭的阵势，很快占领了倭巢，并将其焚毁。此战取得了入闽抗倭的第一次胜利。

　　横屿之战后，戚家军在宁德稍作休整，便向福清挺进，相继攻拔福清境内的数个倭巢，顺利抵达福清城，并在福清牛田大败倭寇，大部歼灭。

　　同年秋，奇袭盘踞林墩的倭贼，消灭了兴化一带的倭贼。十月间，戚家军班师回浙江，从事休整和补充兵员，以俟再战。

　　戚继光回浙后，倭寇又大肆劫掠福建沿海，攻陷兴化府城，在城

中烧杀抢掠无恶不作，盘踞两个多月才弃空城退出，经岐头攻陷平海卫，以此为巢，四处骚扰。

福建再次面临倭患的威胁。明政府调新任福建总兵俞大猷和先期援闽的广东总兵刘显与戚继光一道抗击闽倭。

1563年春，戚继光抵达福建，立即查看倭巢地形。在攻击平海卫倭寇的战斗中，戚家军为中军，担任正面进攻，俞大猷军为右军，刘显军为左军，从两翼配合攻击。

戚家军以一部分为前导分兵三路，以火器打乱倭贼前锋骑兵，乘势发动猛攻，两翼部队投入战斗。倭寇三面受敌，狼狈窜回老巢。三路明军乘胜追击，将敌人围困巢中，并用火攻，荡平了倭巢。

平海卫之战后，戚继光又率部消灭了原侵扰政和、寿宁的倭寇。随后，又相继大败倭寇于仙游城下、同安王仓坪和漳浦蔡丕岭，斩获颇多。至此，福建倭患基本平定。此外，戚继光与俞大猷配合，歼灭了广东的倭寇。

至此，明东南沿海抗倭之战取得了最后胜利。

戚继光率领戚家军实现了他的灭倭志向。在剿倭战争中，戚继光与士兵同甘共苦，严格要求士兵不准扰害百姓，做到兵民相体。

在战略战术上，攻其无备，出其不意，进攻重集中兵力打歼灭战，防御重积极主动而不是机械地死守，在防御中伺机反攻。

创造了独树一帜的"鸳鸯阵"，发挥集体互助、长短兵器相结合的机动、灵活、严密的作战力量，有效地打击了敌人。

这是戚家军屡败倭寇的重要原因，也是戚继光和戚家军留给后人的一份宝贵财富。

知识点滴

1562 年，一伙倭寇扎营在福建宁德边的横屿上，小岛四面环水，退潮时尽是泥沼。倭寇凭借有利地形，在岛上又修筑了坚固的工事，陆军难以进攻，水军也无法靠近。

为了消灭这股敌人，戚继光察看地形后，制定了陆军进攻的方案。他命令战士们在海水退潮时，快速地在烂泥上铺上稻草，冲上横屿。

天降神兵，倭寇毫无准备，经过短暂的激战，敌人被戚家军全歼，倭寇盘踞3年的横屿一举收复。戚家军从此威名远扬，倭寇称戚家军为"戚虎"。

重要转折点的萨尔浒战役

　　萨尔浒战役是明清之际的重要战役，时间是1619年。此战本由明方发动，后金处于防守地位，然而该役竟以明军惨败而告终，并由此成为了明清战争史上一个重要的转折点。

　　萨尔浒战役也是集中优势兵力进行各个击破，以少胜多的非常典型的战例。

　　此役之后，明对后金战略态势由主动变为被动，明帝国于东北地区的藩篱逐渐丧失，日后虽调兵遣将、增加粮饷却再也无法获得对后金战略的主动权，直至王朝覆灭。

1618年春，后金的努尔哈赤发兵向明军进攻，不但在辽东节节胜利，使北京举朝震骇。

为了安定辽东，早日遏制后金势力，明政府命杨镐为辽东经略，以杜松、马林、李如柏、刘綎等为副，调兵筹饷。经过9个多月的准备，赴辽的明军都先后到达，总共有10万余人，号称47万大军。

杨镐与诸将议定，分四路进攻后金，总兵刘綎率军出宽甸由东；总兵马林率军出三岔口由北；杜松率军出抚顺关由西；李如柏率军出鸦鹘关由南，其中以西路杜松为主力，皆直指赫图阿拉。此外，王绍勋总管各路粮草，杨镐坐镇沈阳。

努尔哈赤在掌握了明军的战略部署和行动计划后，正确地分析了形势，认为明军是采用分兵合击，声东击西的战术。因此，只派500人抵御和阻滞东路的刘綎军，而把全部兵力集中起来，打击从西而来的杜松的明军主力，所谓"凭尔几路来，我只一路去"。

努尔哈赤的这一部署是正确的，因为从兵力上看明军有10万多人，而后金只有6万人，处于劣势。但明军分成四路，兵力分散，再加上刘綎、马林和李如柏三路山高水险，行军困难，一时不易到达，只有杜松一路出抚顺，渡浑河，沿苏子河而上，道路平坦易行，两日就可到达赫图阿拉。

努尔哈赤亲自统率八旗大军迅速开赴西线，阻击明军。两军于辽宁抚顺东浑河南岸的萨尔浒一带相遇，揭开了萨尔浒战斗的序幕。

1619年春，杜松率领3万明军，出抚顺关，到达萨尔浒。在得知后金正派兵构筑界凡城，阻挡明军东进后，杜松留下3万人驻守萨尔浒，自领3万人攻打界凡城。这其实是把已经分散的兵力再行分散了。

此时，努尔哈赤率领八旗兵已到界凡以东，迅速地抓住了各个击破的战机。他派代善、皇太极带领两旗截击杜松，自己亲率六旗猛打萨尔浒的明军。

明军遭到突然攻击，纷纷逃往萨尔浒河西岸，结果在得力阿哈一带全部被歼。而杜松在吉林崖下，陷入重围，杜松丧生，全军覆没。

这时，马林率明军与叶赫兵出三岔口，扎营于富勒哈山的尚间崖，派潘宗颜领一军驻守斐芬山，又遣龚念遂率一军守卫斡辉鄂模，互为犄角，彼此支援。

努尔哈赤在西线消灭明兵主力以后，乘胜挥戈北上，首先击溃了驻守斡辉鄂模的明军，随后又攻打尚间崖。明兵大败，马林仅以身免，逃往开原，斐芬山的明军也被攻灭。

刘綎一路虽然出师最早，但由于山道陡峭，大雪封山，进军迟缓，才刚到达深河。

后金的少数守军沿途拦截，且战且退，竭力阻滞明军的前进速度。刘綎进抵阿布达里冈，姜弘立率领的朝鲜援兵到达富察，距离赫图阿拉还有五六十里。

这时，努尔哈赤已在西北两路获胜，立即派扈尔汉、阿敏、代善、皇太极先后出发，日夜兼程赶赴东

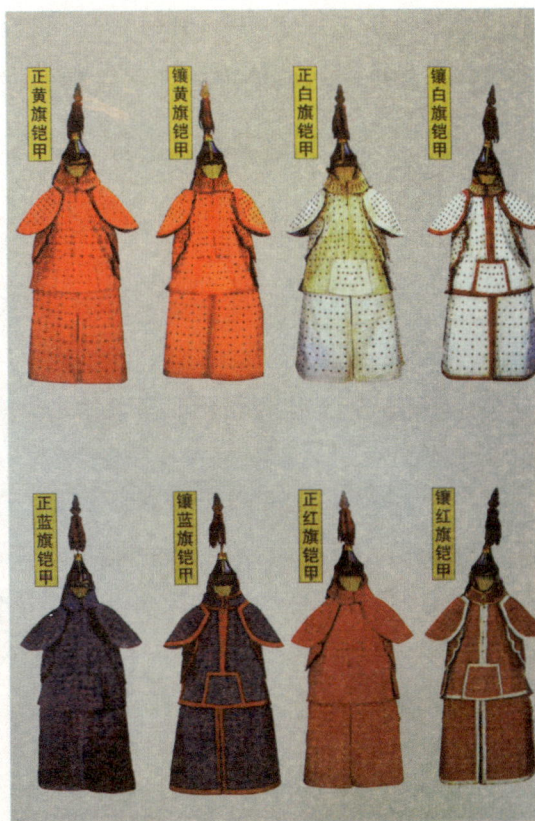

正黄旗铠甲　镶黄旗铠甲　正白旗铠甲　镶白旗铠甲

正蓝旗铠甲　镶蓝旗铠甲　正红旗铠甲　镶红旗铠甲

线，很快在东线集中了3万多人，伺机而动。

明军毫无戒备地继续前进，后金军突然出击，冲断前后，刘綎战死，全军覆没。代善随之集合八旗兵，攻打富察一带的朝鲜军。姜弘立的军营被紧紧围住，于是自姜弘立以下，全军投降。杨镐惊悉三路丧师，急令李如柏撤兵，明朝的四路大军只有这一路逃脱了败灭的厄运。

萨尔浒战役是集中使用兵力、选择有利的战场和战机，连续作战、速战速决、各个击破，在战略上以少胜多的典型战例。

努尔哈赤在5天之内，在3个地点进行了3次大战。战斗前部署周密，战斗中勇敢顽强，战斗结束后迅速脱离战场，立即投入新的战斗，充分显示了他机动灵活的指挥才能和后金将士的勇猛战斗作风。

后金从此由战略防守转入了战略进攻阶段。

努尔哈赤小时候受到很深的汉文化的熏陶，并担任过明朝下级军官。1582年塔克世与祖父觉昌安被尼堪外兰害死。为报仇，努尔哈赤次年率领部众去攻打尼堪外兰，也正式开始了统一女真的大业。当时装备短缺，仅有13副盔甲。

1587年努尔哈赤攻克佛阿拉城，自称可汗。1603年迁都到赫图阿拉。1606年努尔哈赤被蒙古诸部尊称为"昆都仑汗"。

1616年，努尔哈赤在赫图阿拉自称"安巴庚寅汗"，国号"大金"，史称"后金"，成为后金大汗。从此，起兵反明。

弭叛息乱的噶尔丹之战

平噶尔丹之战是清朝时期康熙帝亲征准噶尔大汗噶尔丹叛乱的战役，时间是从1690年至1697年。交战结果，清军大获全胜。

从此，噶尔丹势孤力穷，历时近10年的叛乱终于得以平定。喀尔喀地区重新统一于清朝。

此战康熙帝三次亲征，最终弭叛息乱，取得了完全胜利。平定噶尔丹叛乱是一次正义之战，对于维护祖国统一、反对民族分裂具有重要的历史意义。

明末清初，我国北方的蒙古族准噶尔部势力渐强，随着势力范围的不断扩大，准噶尔部大汗噶尔丹分裂割据的野心愈益膨胀。

1688年，噶尔丹亲率骑兵3万人自伊犁东进，越过杭爱山，进攻清政府管辖的喀尔喀，占领了整个喀尔喀地区。喀尔喀的三部首领仓皇率众数十万分路东奔，逃往漠南乌珠穆沁一带，向清政府告急，请求保护。

康熙一面把他们安置在科尔沁放牧，一面责令噶尔丹罢兵西归。但噶尔丹气焰嚣张，置之不理，反而率兵乘势南下，深入乌珠穆沁境内。对于噶尔丹的猖狂南犯，康熙一面下令就地征集兵马，严行防堵，一面调兵遣将，准备北上迎击。

1690年六月，康熙决定亲征，其部署是分兵两路出击：左路军出古北口，右路军出喜峰口，从左右两翼迂回北进，消灭噶尔丹军于乌珠穆沁地区。康熙亲临博洛和屯指挥。同时令盛京将军、吉林将军各

率所部兵力，西出西辽河、洮儿河，与科尔沁蒙古兵会合，协同清军主力作战。

清右路军北进至乌珠穆沁境遇噶尔丹军，交战不利南退。噶尔丹乘势长驱南进，渡过沙拉木伦河，进抵乌兰布通。清左路军也进至乌兰布通南。

康熙急令右路军停止南撤，与左路军会合，合击噶尔丹于乌兰布通，并派兵一部进驻归化城，伺机侧击噶尔丹于归路。

马兰布通位于克什克腾旗，即今内蒙古翁牛特旗西南。该地北面靠山，南有高凉河，地势险要。噶尔丹背山面水布阵，将万余骆驼缚蹄卧地，背负木箱，蒙以湿毡，摆成一条如同城栅的防线，谓之"驼城"，令士兵于驼城之内，依托箱垛放枪射箭。

清军以火器部队在前，步骑兵在后，隔河布阵。

八月初一中午，交战开始。

清军首先集中火铳火炮，猛烈轰击驼阵，自午后至日落，将驼阵

轰断为二，然后挥军渡河进攻，以步兵从正面发起冲击，又以骑兵从左翼迂回侧击。

噶尔丹大败，仓皇率全部撤往山上。次日，遣使向清军乞和，乘机率残部夜渡沙拉木伦河，狼狈逃窜，逃回科布多时只剩下数千人。经过此役，噶尔丹实力大损，曾被其征服的回部、青海、哈萨克各部纷纷投向清军。此役使蒙古全境出现了平静局面。

噶尔丹自乌兰布通失败后，叛乱之心未死，他以科布多为基地，招集散亡人员，企图重整旗鼓，东山再起。

为防御噶尔丹再次进攻，康熙采取了以下措施：调整部署，加强边境守备；巡视漠北诸部，稳定喀尔喀蒙古上层，将逃居漠南的喀尔喀蒙古分为左中右三路，编为37旗；设立驿站和火器营，沟通内地与漠北地区的联络，专门训练士兵使用火铳火炮。

1694年，清政府诏噶尔丹前来会盟，噶尔丹抗命不至，反而遣兵侵入喀尔喀，康熙遂决定诱其南下，然后一战歼之。

为使此次作战顺利进行，清军在战前做了充分准备：调集兵马，征调大批熟悉情况的蒙古人为向导，随军携带5个月口粮，按每名士兵配备一名民夫4匹马的标准，组成庞大的运输队，备有运粮大车6000辆，随军运送粮食、器材；筹备大量防寒防雨器具，准备大批木材、树枝，以备在越过沙漠和沼泽地时铺路之用。

噶尔丹果然率3万骑兵自科布多东进，沿克鲁伦河东下，大举内犯。在此形势下，康熙决定再次亲征。1696年二月，康熙调集9万军队，分东中西三路进击：东路9000人，由黑龙江将军萨布素率领越兴安岭西进，出克鲁伦河实行牵制性侧击；西路4.6万人，由抚远大将军费扬古为主将，分别出归化、宁夏越过沙漠，北上切断噶尔丹西逃之路；康熙亲自率中路北上，与其他两路约期夹攻。

噶尔丹见康熙亲率精锐前来，又闻西路清军已过土剌河，有遭夹击的危险，便连夜率部西逃。

1696年五月十三日，清西路军进抵土剌河上游的昭莫多，距噶尔丹军15千米扎营。昭莫多，蒙语为大森林，位于肯特山之南，土剌河之北，汗山之东。

清抚远大将军费扬古鉴于军队长途跋涉，饥疲不堪，决定采取以逸待劳、设伏截击的方针，以一部分兵力依山列阵于东，一部分兵力沿土剌河布防于西，将骑兵主力隐蔽于树林之中；振武将军孙思克率步兵居中，扼守山顶。

战斗开始后，清军先以400骑兵挑战，诱使噶尔丹军入伏。噶尔丹果然率兵进击，企图攻占清军控制的山头。孙思克率兵据险防守，双方激战一天，不分胜负。

此时费扬古指挥沿河伏骑分兵一部分迂回敌阵，另一部分袭击其阵后家属、辎重，据守山头的孙思克部也奋呼出击。

噶尔丹军大乱，夺路北逃，清军乘夜追击15千米以外，俘歼数千人，收降3000人，击毙噶尔丹之妻。噶尔丹仅率数十骑西逃。

此战，清军利用昭莫多的地理条件，以逸待劳，设伏截击，迂回包抄，终于赢得了胜利。

在噶尔丹率军东侵喀尔喀之际，其后方基地伊犁地区被其侄策妄阿拉布坦所袭占。

加之连年战争，噶尔丹精锐丧亡，牲畜皆尽，噶尔丹兵败穷蹙，无所归处，所率残部只不过数十人，且羸弱不堪，内部异常混乱。

1697年二月，康熙鉴于噶尔丹拒不投降，再次下诏亲征。噶尔丹闻讯，在众叛亲离的情况下，服毒自杀而死。至此，康熙时期平定噶尔丹叛乱之战始告结束，喀尔喀地区重新统一于清政府。

噶尔丹的失败，从根本上说，他的行动违背了我国多民族国家走向统一与巩固的历史潮流，到头来不免走上覆灭的道路。

知识点滴

清康熙皇帝平定厄鲁特蒙古准噶尔部噶尔丹叛乱后，于1703年御制两通刻碑，用以纪念平叛的胜利，表彰两寺喇嘛助战功绩。

两通石碑均用满、蒙古、藏、汉4种文字铭刻，每碑各建有一座八角攒尖顶式碑亭。碑文表彰两寺喇嘛功绩的文字稍异。

席力图召的石碑尚存原地；小召的石碑已移存内蒙古博物馆内。碑文记载了赐予小召的甲胄、宝刀，过去每年春节公开展览，名为晾甲，届时倾城出动前往观赏，今亦由内蒙古博物馆收藏。